# Zouglou et Moyisme

## La Lutte des Enchainés

Les impliqués
Éditeur

Fondée en 2014, notre maison d'édition se consacre à la publication d'ouvrages relevant de divers domaines : littérature, récits personnels, premiers romans et nouvelles, essais en sciences humaines, religion, économie, etc.

Les impliqués ont pour vocation de publier, après sélection, les manuscrits qui leur sont confiés. Ils proposent ainsi aux auteurs de faire de leur projet d'écriture une réalité et d'éditer, après une réelle collaboration avec eux, leur ouvrage issu de leurs souvenirs, de leur imagination, de leurs rêves, de leur recherche ou encore de leur travail.

**Marcel Seaka**

# Zouglou et Moyisme

## La Lutte des Enchainés

*Essai*

**Préface de Martial Joseph Ahipeaud**

Les impliqués
Éditeur

5-7, rue de l'École-Polytechnique – 75005 Paris
www.lesimpliques.fr
contact@lesimpliques.fr
ISBN : 979-10-428-0173-1
EAN : 9791042801731
Pour l'envoi de vos manuscrits : voir à la fin de cet ouvrage

# REMERCIEMENTS

Je ne saurais marquer mon respect à toutes et à tous sans considérer avant toute chose, le soutien immensurable de Wenceslas Georges Aboké dans l'avènement du Zouglou en tant que mouvement socioculturel de grande envergure. Son aptitude, à la fois intuitive et intellectuelle, son flair et sa clairvoyance, il me semble, lui ont fait voir très tôt la portée culturelle, sociale et philosophique du Zouglou qui n'était pourtant qu'en gestation. Ses questions pertinentes, d'inquisition avérée, m'ont révélé mes limites intellectuelles et m'ont contraint au recul afin de mieux arpenter le domaine conceptuel du Zouglou. Je voudrais, du fond de mon être, lui rendre hommage pour la confiance et la fraternité qu'il m'a toujours témoigné, et par-dessus tout, pour tous les sacrifices matériels, intellectuels, professionnels et j'en passe, qu'il a dû consentir pour la promotion et l'affirmation du Zouglou dans le giron de notre culture.

A travers Wenceslas Georges Aboké, j'étends ma gratitude aux hommes et femmes de média, dont Claude Tamo, Yves Zogbo Junior et Zio Moussa, qui ont ouvert leurs antennes et prêté la marque de leurs plumes au Zouglou, tandis que ce mouvement sortait à peine de la périphérie pour se chercher une place au centre de la culture ivoirienne.

Ce serait faire preuve d'un manquement, si j'omettais de reconnaître son indulgence au gouvernement ivoirien d'antan qui par ce fait a permis l'éclosion et l'épanouissement du Zouglou malgré sa satire maintes fois dirigée contre la gestion de la chose publique. Sa bienveillance ne saurait passer inaperçue quand on considère le caractère dénonciateur de ce mouvement. Elle l'est encore plus au vu du positionnement indubitable du Zouglou au centre de la culture musicale en Côte d'Ivoire dès son avènement.

Par ailleurs, je suis reconnaissant à Lacina Yéo, à Kouhi Sayin Fiacre et à Daniel Yéo, qui venus de Korhogo avec moi, m'ont soutenu dans mes premières recherches et dans l'élaboration du fondement conceptuel du Zouglou.

Je suis particulièrement redevable à Anderson Loua et à Nickaise De Bessou pour leur apport intellectuel inestimable dans la révision des concepts philosophiques et psychologiques qui ont servi de leviers dans l'écriture du présent ouvrage.

La monture embryonnaire de ce livre a été lue, analysée et critiquée par Jean Alexis Doukouré. Aux allures d'une haute futaie, sa contribution a permis d'élever ma pensée. Je lui témoigne ici ma reconnaissance.

Je rends un hommage mérité à Anne-Marie Gbrato pour son implication pratiquement inévitable et indélébile dans l'émergence du Zouglou en tant que mouvement d'idées.

J'exprime ma gratitude à Martial Ahipeaud et au secrétariat général de la FESCI de 1990 à 1994. Ces hommes et femmes, par un acte d'abnégation, ont joué un rôle crucial qui a inspiré l'orientation idéologique du Zouglou. Je veux par ailleurs dire mes remerciements à Apollos Dan Thé, à Napoléon Yao, à Ernest Nganza, à

N'Guessan Sébastien et à tous ceux qui ont animé l'Association Culturelle pour la Promotion du Zouglou. Je n'oublie pas de reconnaitre l'apport des animateurs du Club des Amis du Zouglou et leur implication dans la naissance du groupe musical Lacrymogène C5 qui permit de garder allumée la flamme du mouvement au campus de Yopougon.

Parents ! O Parents ! Précurseurs du Zouglou que l'on a vite fait d'assimiler à des fauteurs de troubles impénitents, étudiants de Yop des années 90, jeunes dont l'âme était considérée incapable de survivre au jugement dernier, j'ose vous rendre hommage. Car sans vous, le Zouglou n'aurait certainement jamais connu son ascension.

Je veux enfin dire un grand merci à mon épouse, Aude Toua. Son intime contribution ne cessera pas de remplir le trésor de mes pensées.

## PREFACE

Les nations sont marquées par des faits singuliers qui deviennent des points d'ancrage ou de repère. En République bananière, le jour de l'accession à l'indépendance manque même d'être célébré quand celle de la naissance du Père Fondateur devient celle de la Nation. En certains lieux même, est célébré son jour d'accession au pouvoir, même quand ce fut le triomphe de l'illégalité et du déni du droit. Car ce qui compte, c'est le Grand Timonier, Le Père Fondateur.

Quelle est donc la pertinence de cette assertion dans le cadre de l'œuvre de notre Camarade de lutte Marcel Seaka intitulée « Zouglou et Moyisme » que m'échoit l'honneur de préfacer ?

Zouglou, concept culturel ayant accompagné, voire même sublimé notre combat alors que nous étions Secrétaire Général de la Fesci, nous est coutumier. Comme expression rythmée de notre volonté de dénonciation des conditions de vie et de travail du monde scolaire et universitaire, nous avons été, avec le Zouglou, comme des frères jumeaux, l'un opérant dans la sphère syndicale et l'autre dans le culturel. La vraie problématique se situait à deux niveaux.

La première était comment le culturel pouvait rendre compte du politique et syndical sans remettre en cause son essence à chaque composante et la deuxième comment le faire ?

Marcel Seaka, en sa qualité de témoin et surtout acteur de la conceptualisation managériale du Zouglou, au travers de ce livre testament d'une profondeur à la fois littéraire, philosophique et finalement esthétique, nous ramène au cœur de toutes les questions mises en scène à la manière « socratique », sinon platonicienne du « Moyisme ».

En effet, le politique ou le culturel qui se définit comme instrument de lutte de libération des consciences nationales embrigadées par des siècles de servitude, sont en contradiction perpétuelle avec des forces tant internes qu'externes. Dans une imagerie propre à la démarche zougloutique, c'est-à-dire, une forme de langage qui lui est propre, le moyisme est parcouru dans son historique comme dans son expression sous toutes ses formes. Le Moyisme est avant tout identifié comme la contradiction principale à laquelle l'adepte du Zouglou doit faire face. Or, justement, dans son historicité, le Zouglou a eu une fondation jouissive que ses fondateurs avaient voulue que l'on identifie comme le Zouglou dans sa quintessence. Cette vision, le « zougloubéhi », l'œuvre de Marcel Seaka, l'expose en somme, comme le partenaire objectif du moyisme en cela qu'il privilégie la démission pour la promotion de l'exploitation et le meurtre du génie culturel et politique de l'espace dominé. Le processus qui ramène le Zouglou à son essence même comme forme et force de négation, de dénonciation et de rébellion, contre la domination, Marcel Seaka le révèle et cela fait du bien parce que l'Histoire doit reposer sur la vérité. Karl Marx disait que la lutte des classes est le moteur de l'histoire. Marcel Seaka identifie la lutte du zouglou contre lui-même, dans sa forme « zougloubéhi » ou forme jouissive, ou contre le système moyiste interne et externe, comme le moteur de l'histoire post-guerre froide de toute une jeunesse aspirant à la liberté dans sa forme pure.

Oui, les mots ont un poids et ils ont pour objectif majeur et ultime de conduire celui à qui ils sont lancés ou destinés à accomplir leurs finalités. Parti de la gestuelle d'un enseignant que ses élèves admiraient pour devenir une danse, sinon un moyen de dénonciation des tares de la société assujettie à toutes formes d'exploitation dans laquelle nous vivons, le Zouglou prend, sous la plume de Marcel Seaka, toute son essence philosophique et nous entraîne dans les raisons objectives qui expliquent que ses plus grandes œuvres ont toujours été celles qui exposaient le moyisme du moment. Moyisme est exposé dans ses œuvres comme comportement ou culture individuelle (« ***Premier Gaou*** » de Magic System), comme forme exécrable de la gouvernance ( « ***Gboklo Koffi*** » des Parents du Campus Ambiance à « Président » de Yodé et Siro) sans oublier les ballades toxiques et envoûtantes du groupe Les Salopards et de Soum Bill. En un mot comme en mille, tant que le zouglou se libère du moyisme et « libère » dénonciation, il ne se « brise » pas. Mais qu'il emprunte le zougloubéhi en ne portant pas son message que sur ce qui n'a pas d'intérêt pour le combat de la libération des peuples, il fait « en brisure » ou encore « en brizouabi ».

En somme, Zouglou et Moyisme de Marcel Seaka nous ramène à une introduction incontournable qui est qu' « Au commencement était la Parole » et le Zouglou la rendit au peuple afin que « quiconque croit en elle » l'adopte et se consolide dans la pensée libérée qui le libère. Or donc, le

Maître de la philosophie zougloutique, Marcel Seaka, devait parler. Il a parlé ! A lire donc absolument avant toute aventure dans l'univers zougloutique pour en capter l'essence et suivre la dynamique pour savoir, pour ne pas décevoir quand on est artiste et déçu quand on est zouglouphile ! Au risque, surtout pour l'artiste, de faire en « brisure ». Mais là, Marcel Seaka a assuré grave ! En Zouglou, ça réussit toujours !

Dr Martial Joseph Ahipeaud,
Enseignant Chercheur, Université Alassane Ouattara de Bouake, Côte d'Ivoire
1er Secrétaire Général de la Fesci (1990-1993)

## Chapitre 1
INTRODUCTION

Le Zouglou est un mouvement socioculturel. Il est né en Côte d'Ivoire vers la fin des années 1980. Il est d'abord l'émanation d'une danse. Au début, cette danse s'exécute sur n'importe quel rythme musical. Elle est ensuite transportée dans le milieu universitaire ivoirien. Dans ce milieu, elle subit de nombreuses transformations.

En effet, les universitaires impriment à la danse Zouglou un rythme particulier et des chansons pour accompagner ce rythme. Ils lui confèrent des concepts qui donnent d'elle un aspect philosophique. Ainsi, dans le milieu universitaire, le Zouglou finit par ne plus être une simple danse. Il se rapproche même des aspirations de la Fédération Estudiantine et Scolaire de Côte d'Ivoire (FESCI), un syndicat d'élèves et d'étudiants, qui en ce temps était dirigé par Martial Ahipeaud. Avec ce rapprochement, le Zouglou devient un mouvement, car il attire en son sein les étudiants proches de ces aspirations. Ceux-là sont en majorité membres ou sympathisants de l'organisation d'Ahipeaud.

A cette époque, les chansons du Zouglou pouvaient être classifiées en deux catégories distinctes : chansons humoristiques et chansons satiriques. Les chansons satiriques du Zouglou le prédisposent à devenir un mouvement engagé. La FESCI et certains des animateurs principaux du mouvement voudront mettre à profit cet aspect pour le rendre purement et simplement engagé.

Au bout de deux ans à n'être dansé que par les étudiants, le Zouglou sort des campus ivoiriens. Il est convoyé par un groupe musical d'étudiants dénommé Parents du Campus Ambiance.

Dans l'euphorie créée par le succès de ce groupe, les apparats philosophiques du Zouglou s'éclipsent. L'ambiance festive que procure la musique qui lui est rattachée prend le dessus. Ainsi, sa seule forme révélée au grand public est musicale. Cependant, il devient de plus en plus urgent de faire quelques pas en arrière pour dire qu'au-delà de la musique, le Zouglou offre un environnement conceptuel qui mérite d'être connu.

En effet, le Zouglou est devenu une tentative de participer aux efforts de compréhension de la souffrance de ces sociétés qui paraissent libres et qui pourtant subissent encore le dictat de leurs paires. La musique, la chanson et la danse en son sein sont des moyens d'expression qui lui sont propres. Ses adeptes les utilisent pour communiquer leurs sentiments, leurs aspirations et leurs opinions aux autres.

Mais le Zouglou, en lui-même, est un mouvement d'idées qui tentent d'expliquer et de confronter les rapports entre les sociétés humaines. Il met en évidence les conséquences désastreuses de ces rapports sur la majorité en se rapportant au désastre lui-même.

Il faut le dire tout net. Les adeptes du Zouglou sont des hommes et des femmes dont la manière de voir la société actuelle est une déclaration oppositionnelle. A leurs yeux, le système politique et économique qui gouverne les populations mondiales est indigne de l'humanité. Ce système abuse des défaillances psychologiques et des écarts économiques suscités par les relations historiques entre les peuples. De même, il abuse de la complexité apparente de ses propres mécanismes structurels pour approfondir ces écarts. Dans son fonctionnement, ce système s'apparente à un soleil à l'horizon. Plus on s'en approche, plus il s'éloigne. Il épuise simplement les énergies et ses concepteurs semblent bien heureux du bonheur qu'ils en tirent au détriment de la majorité. D'ailleurs, ces concepteurs ne manquent aucune occasion pour s'arrêter sur des perchoirs institutionnels et verser sur les autres des discours d'une condescendance inouïe.

Dès sa naissance, le Zouglou a été l'objet de critiques acerbes. Accusé d'être le lieu d'un rien, il est taxé de vanité soutenue par aucune idée concrète.

Ces allégations à propos de la teneur du Zouglou se comprennent sans effort. D'ailleurs, elles sont légitimes. Car aucun des membres du groupe Parents du Campus Ambiance, encore moins ceux qui étaient proches d'eux, ne s'est attardé à dire clairement ce qu'il en était. Quoi qu'une bonne littérature se soit construite dans le temps autour du Zouglou, elle ne s'est intéressée qu'à l'évolution de la danse et de la musique. Elle ne révèle pas grand-chose de l'aspect philosophique du mouvement.

Cette œuvre se propose donc de plonger le lecteur dans le domaine conceptuel du Zouglou. Elle s'impose de dissiper le doute aussi légitime qu'il soit en espérant pouvoir convaincre qu'il y a ici matière à teinture philosophique. Elle précise sa nature et ses caractéristiques. Elle invite le lecteur à s'imprégner de la vie des étudiants de Côte d'Ivoire dans la première moitié des années 1990. Elle présente les événements qui ont provoqué diverses mutations dans l'approche du Zouglou.

Cette œuvre rend compte de ce qu'il était d'abord un mouvement de simple divertissement dans les cités universitaires. Il est devenu ensuite un partenaire de la FESCI qui pouvait se servir des regroupements provoqués par les Parents du Campus Ambiance pour entretenir la population estudiantine. Non seulement un partenaire, la FESCI imprime le néologisme 'Zougloutique' au mouvement par la voix de son secrétaire de la section FLASH (Faculté des Lettres, Arts et Sciences Humaines) de l'université d'Abidjan de 1990 à 1994, Koukougnon Assoa Jean-Pierre.

La zougloutique se rapporte à l'art Zouglou, à sa méthode et à sa pratique. Elle se présente comme une conception eschatologique, car elle se veut l'expression de la fin d'un monde et la naissance d'un autre.

Le monde qui finit est hégémonique et celui qui naît de ses cendres est libre. Dans ce nouveau monde, l'esprit est libéré des pressions dues à l'hégémonie de sorte qu'il parvient à s'engager dans une production culturelle endogène. Ceci étant, l'idée de la zougloutique insuffle au Zouglou une tendance à valoriser ses ressources intérieures. Ces ressources comprennent entre autres les valeurs inhérentes à sa société, dont le partage, la solidarité avec les faibles et la défense des sans voix.

De fait, avant sa sortie des cités universitaires, le Zouglou se transforme en un art engagé. En outre, il se meut en un mouvement de sensibilisation et de conscientisation des masses.

Le Zouglou est empreint de néologismes. Il dit et chante les maux de la société en puisant très souvent dans son propre répertoire lexical. Il s'intéresse particulièrement à produire une peinture de ces maux, car pour lui, commencer à peindre sa misère, c'est commencer à lui trouver une solution. Pour lui encore, l'une des causes fondamentales de la misère dans sa société est l'exercice de la peur. Cet exercice décourage les aspirations à l'autodétermination aussi individuelle que collective. Pour y faire face, le mouvement invite à se rapprocher des instruments utilisés pour faire peur. Cette invite tient du fait que selon l'approche du Zouglou, ce qui est utilisé pour faire peur est ce qui ferait peur à l'utilisateur. Ce qui est utilisé pour dominer est ce qui anéantirait la domination.

En s'intéressant aux instruments de la peur, le Zouglou affirme par ailleurs qu'elle participe de la survie des tendances hégémoniques qui menacent la paix dans le monde. Ces tendances créent de nombreuses frustrations qui à la longue risquent de susciter des actions ou des réactions à la mesure des violences morales et physiques qui les accompagnent.

Avoir envers l'autre des attitudes hégémoniques, c'est le mépriser. Créer la peur de soi en l'autre ne peut être que l'expression d'un mépris. Pourtant, aucune tendance hégémonique ne peut tenir sans la peur de l'autre. En somme, les tendances hégémoniques et la création de l'épouvantable sont liées. Cette œuvre se donne pour tâche d'explorer leurs liens et leurs conséquences selon l'approche du mouvement Zouglou. De ces conséquences, la dissociation et la suggestibilité qui naissent de la peur sont examinées de manière prépondérante.

La dissociation ici est un processus d'inhibition du vécu et de la réalité entrepris pour se protéger contre l'objet de la peur. Ce processus aboutit à un dysfonctionnement interne qui se manifeste par une déconnexion entre la réalité, la pensée, les sentiments, les aspirations et l'action. Enoncé simplement, le processus de dissociation provoque des approches et des actions en déphasage avec les plus profondes aspirations.

Quant à la suggestibilité, elle est une disposition à ne pas résister à l'influence de l'autre. Dans le contexte hégémonique, elle est entretenue par une suggestion de l'épouvantable, la corruption, l'ignorance et la naïveté. Dans ce contexte, l'on tend à transporter l'autre dans son univers. Dans cet univers, l'autre est soumis à une dictée multiforme. Cette dictée s'apparente à une démarche assimilationniste puisque le nouvel univers n'est plus celui de l'autre. C'est l'univers de l'hégémonie. Dans cet univers, il devient aisé de l'assimiler en lui inculquant son savoir-vivre, juste de quoi lui permettre de socialiser avec les autres. De même, il devient aisé d'entretenir son ignorance et sa naïveté au biais de l'obscurantisme. Ici, l'univers de l'hégémonie lui nie l'accès au savoir-faire. Les raisons de cette négation sont observées dans le présent ouvrage.

La conséquence d'un phénomène implique une cause déterminante. En ce qui concerne les tendances hégémoniques décrites au-dessus, cette cause dans le Zouglou s'exprime au biais d'un néologisme : le moyisme[1]. C'est une tendance hégémonique par laquelle l'on entreprend une évolution géométrique de son espèce en abusant de la suggestion de l'épouvantable et de toute autre forme de suggestion à même de transformer l'autre psychologiquement. Le but de cette transformation est d'amener et d'enfermer l'autre dans son univers, un univers duquel et dans lequel il est ignorant. Pour entretenir et s'assurer de cette ignorance, il est employé un obscurantisme qui empêche l'autre de s'éveiller et de s'approprier les instruments susceptibles de l'affranchir. Quand de ses propres ressources intérieures, l'autre s'aperçoit de son engouffrement dans l'obscurité suscitée par le moyiste[2], ce dernier réagit à cet état de fait en procédant à une métamorphose ou une mue dont le but est d'acquérir un nouveau visage.

Concrètement parlant, le moyiste crée de nouveaux concepts ainsi que de nouvelles structures et sophistique les instruments déjà existants pour endormir l'autre à nouveau. De ces instruments, la violence, la corruption et le capitalisme moyiste sont les plus prisés.

Pour le Zouglou, le capitalisme a toujours existé dans sa forme pratique et non forcément doctrinale depuis que les hommes ont obtenu pour la première fois une plus-value sur un produit et qu'ils ont procédé à une accumulation de biens. Cependant, la rencontre entre le capitalisme et le moyiste donne naissance au capitalisme

---

[1] A lire moi-isme. [mwa.jizm]

[2] Porteur de la tendance du moyisme

moyiste. C'est une doctrine de l'inversion du titre de propriété. C'est aussi une doctrine de l'accaparement et de l'accumulation des biens d'autrui contre sa raison et sa volonté. Cette forme de capitalisme se pratique en violation de toute règle morale et fait fi de la cohabitation harmonieuse des sociétés.

Le capitalisme moyiste est un viol psychique employé dans le domaine économique, monétaire et financier pour satisfaire l'évolution géométrique du moyiste. Il crée à son passage le dénuement total des peuples tandis qu'il tente par un discours perfide de convaincre de la nécessité du dénuement qu'il convoie. Son discours et les concepts qui lui sont attachés occupent le centre de cet ouvrage.

Quel que soit l'angle par lequel on approche le dénuement vécu à l'intérieur de la tendance moyiste, le Zouglou préconise de s'occuper de la manière la plus simple de la pauvreté des populations afin que moins miséreuses, elles prennent confiance en leur potentialité et deviennent productives pour elles-mêmes et pour l'humanité. Cette manière simple est proposée dans cet ouvrage qui est écrit de la manière suivante :

Le premier chapitre est une esquisse de l'histoire du mouvement. Les chapitres qui suivent présentent la cause qu'il défend en même temps qu'ils introduisent le lecteur aux plus profondes aspirations de ses concepteurs. Ces chapitres sont écrits dans le souci de ne pas succomber à de l'imprudence scientifique. Ainsi, la trame de certains récits dans cet ouvrage revêt de l'imaginaire. Toute ressemblance ou similitude possible ne sera que pure coïncidence.

## **Chapitre 2**
## HISTORIQUE DU ZOUGLOU

Un jeune homme surnommé Joe Christy, de son vrai nom Christian Gogoua, entreprit de danser différemment des autres. Il se contente de peu de mouvements des pieds, mais manifeste un goût prononcé pour les gestes des bras et des mains.

Quand un morceau jouait qui plaisait à Joe Christy, il se levait, se plaçait sur la piste de danse un pied derrière l'autre, jetait autour de lui un regard comme s'il sortait d'une léthargie, levait les mains comme s'il implorait les cieux, puis claquait des doigts. Il répétait ces gestes. Quand il ne claquait pas des doigts, il agitait ses bras.

Joe Christy avait dans son sillage Bruno Porquet alias Opoku Nti avec lequel il partageait cette manière de danser. Leur gestuelle leur est inspirée par les mouvements corporels d'un de leurs enseignants quand ils étaient encore élèves dans la ville ivoirienne de Gagnoa. Cet homme avait effectivement une manière atypique de se mouvoir quand il dispensait son savoir à ses élèves. L'imitation de ses gestes par Joe Christy et Opoku Nti est à l'origine de ce qui deviendra plus tard Zouglou.

Vers la fin des années 1980, ils arrivent à l'université d'Abidjan en Côte d'Ivoire. Les étudiants qu'ils trouvent à cet endroit aiment les choses insolites. Auprès d'eux, leur danse pratiquement contraire aux usages trouve inévitablement des adeptes. Il en est ainsi en particulier dans les cités universitaires de Yopougon et de Port-Bouët de ladite université. Mais c'est à Yopougon que leur trouvaille est le plus choyée. Elle y prend rapidement une appellation : Zougloubéhi.

Le mot zougloubéhi est emprunté des ethnies du centre ouest de la Côte d'Ivoire et fait allusion à l'affectionnément du mondain. Trop long à prononcer, il devient sous l'impulsion de Bruno Porquet, Zouglou. Mais, les étudiants qu'ils trouvent à l'université et en particulier ceux qui adoptent leur danse arrachent leur innocence à ses gestes principaux. Comme dans une analyse de l'œuvre, ils collent à chaque geste une signification. Il découle de cet exercice une danse avec en son sein une forme expressive articulée autour de gestes simples.

Le cercle des adeptes du Zouglou s'agrandit, mais reste confiné aux cités universitaires à Abidjan. En outre avec le temps, son lien avec l'affectionnément du mondain prend le pas sur l'insolite. Le milieu de la danse est en proie à l'alcool et au divertissement. D'ailleurs, l'alcool et le Zouglou sont présentés comme deux faces de la même monnaie. Ils sont indissociables. Danser en esquissant de bons pas de Zouglou suppose avoir bu. Les adeptes du Zouglou disent dans des termes très révélateurs qu'il faut 'être dans l'inconscient pour libérer en Zouglou'.

Dans le milieu de la danse, être dans l'inconscient est une expression qui signifie avoir consommé de l'alcool. Quant au verbe libérer, les adeptes du Zouglou lui confèrent une dimension polysémique. Ici, il veut dire danser. D'où, pour danser le Zouglou, il faut avoir consommé de l'alcool.

La raison de l'alcool dans le milieu du Zouglou tient à la raison elle-même qui a créé la popularité de la danse dans le milieu estudiantin. En effet, les élèves et étudiants de Côte d'Ivoire cherchent à échapper au désenchantement de leur société. Ils veulent s'éloigner du caractère monotone de la vie où depuis leur enfance, ils voient défiler et s'échanger les mêmes hommes dans les mêmes ministères, les mêmes artistes chanter les louanges des mêmes personnes, les mêmes moyens de transport aux mêmes endroits, les mêmes enseignants avec la même colère contre le pouvoir, la même communauté internationale décrier les mêmes fléaux, les mêmes institutions internationales proposer les mêmes solutions, les mêmes amis dans les mêmes grèves pour les mêmes raisons, les mêmes promesses gouvernementales pour résoudre la même pauvreté et enfin, la même frustration face aux mêmes colonisateurs. En ces circonstances, l'insolite séduit facilement les cœurs.

Cependant, il n'y a pas eu que les mêmes événements en Côte d'Ivoire. Car une indépendance a été proclamée en 1960 pour ce pays. L'homme qui lit le document de promulgation de ce changement en Côte d'Ivoire est Félix Houphouët-Boigny. Il en devient le premier président dans la même année. De cette année 1960 à 1965, Félix Houphouët-Boigny est président. De 1965 à 1970, il garde le poste de président. De 1970 à 1975, il demeure président. De 1975 à 1980, il reste président. De 1980 à 1985, il est encore président. De 1985 à 1990, la présidence pèse sur son âge maintenant avancé, mais l'homme tient encore. Il est candidat unique et toujours pratiquement plébiscité à toutes les élections présidentielles de 1960 à 1990.

Cette année 1990, Houphouët-Boigny a un adversaire politique, Laurent Gbagbo. Pour ce dernier, être candidat contre Houphouët répond à une volonté de s'affirmer dans l'arène politique ivoirienne et de proposer à son pays une nouvelle vision, celle de son parti le Front Populaire Ivoirien.

Quant à Houphouët, il s'agit de réaffirmer son contrôle du pays en réponse au discours de la Baule, ce discours donné par le Président français François Mitterrand à la 16e conférence des chefs d'Etats d'Afrique et de France.

Tenue entre le 19 et le 21 juin 1990, la conférence recommande aux pays africains d'adopter des réformes 'démocratiques'. Elle exige la compétition politique dans des termes révélateurs de frictions entre la France et les dirigeants qu'elle-même avait propulsés et soutenus à la tête de ses colonies. Naturellement, Houphouët ne peut pas perdre cette élection. Sa victoire est proclamée.

Vers la fin des années 1980, la Côte d'Ivoire est en pleine ébullition sociale. Des manifestations récurrentes plongent le pays dans la tourmente. Les rues de la capitale du pays offrent un spectacle embarrassant. Des manifestants, en majorité des élèves et des étudiants, scandent des slogans de défiance à l'endroit du pouvoir ivoirien. Le président tente de calmer la fronde en ouvrant l'espace politique au multipartisme à la fin du mois d'avril 1990. En le faisant, Houphouët-Boigny semble anticiper sur les événements de la 16e conférence des chefs d'Etats africains et français. Il permet à son opposition qui jusque-là était condamnée à la clandestinité de venir à la lumière du jeu politique.

Cette opposition et les différents partis politiques qui la composent, recrutent dans le milieu estudiantin les étudiants les plus populaires. De cette manière, chaque parti a ses hommes et ses femmes à l'université en Côte d'Ivoire.

Maintenant sortis de la clandestinité, les acteurs de l'opposition ivoirienne organisent une convention dans la ville ivoirienne de Korhogo. Ils tentent de fusionner leurs forces, mais les ambitions individuelles piétinent le projet. La convention accouche d'une souris. Laurent Gbagbo semble tenir le bon bout. Il est d'ailleurs candidat contre Houphouët-Boigny à l'élection à venir. Les autres participants à la convention de Korhogo décident de boycotter ce scrutin. Ainsi, les contradictions à l'intérieur de l'opposition ivoirienne sont mises au grand jour. De plus, elles ont un impact sur les organisations qui partagent la vie de l'université. Cela parce que la majorité des dirigeants des partis politiques de cette époque sont membres de l'institution universitaire. Par ailleurs, ils sont en contact direct et régulier avec les étudiants. Conséquemment, les organisations estudiantines sont impactées par les contradictions révélées par l'issue de la convention de Korhogo.

Cette année 1990, Houphouët a un Premier ministre. Cet homme est le premier de tous les premiers ministres de la Côte d'Ivoire. Il n'y en avait jamais eu avant lui sous Houphouët. Mais, ni le multipartisme, ni la nomination d'un Premier ministre ne change rien aux conditions des étudiants. Bien au contraire, ils sont l'objet d'une violente répression. D'ailleurs, l'administration décide de fermer les écoles et de décréter cette année, une année blanche. Ce décret crée les conditions d'une vie oisive ; les étudiants n'ayant rien à faire et les campus étant fermés. De manière concrète, l'oisiveté se traduit en un attrait prononcé de l'alcool qui lui côtoie aisément l'insolite pour combler le temps et constituer un refuge.

Le refuge suscité n'est pas seulement contre les conditions de leur vie. L'avenir lui-même à leurs yeux semble incertain voire hypothéqué, car il devient de plus en plus difficile d'obtenir un emploi à la fin de leurs études. D'ailleurs, les étudiants voient un nombre incalculable de leurs amis finir leurs études et traîner dans les rues de la capitale. D'autres squattent les dortoirs des cités universitaires, cela longtemps après avoir obtenu leurs diplômes. Le désespoir qui en résulte et la recherche de l'échappatoire face à la monotonie s'associent pour faciliter un intérêt à l'insolite et lui attirer l'alcool.

Le Zouglou, ce phénomène insolite, qui permet de danser particulièrement, se marie à l'oisiveté, offre l'échappatoire et permet de tisser des liens solides. Ici, dans le milieu universitaire, il n'y a plus de camarade. Il n'y a plus d'ami. Il y a mieux. Il y a des parents[3]. Ces parents sont frappés par un décret certes, mais ils ne sont pas frappés par une cécité intellectuelle. Car en plus d'avoir altéré le nom de la danse et conféré un sens aux mouvements gestuels de Joe Christy, les universitaires

---

[3] Mot par lequel les étudiants ivoiriens se désignaient les uns les autres

associent à l'ensemble un langage aisément différentiable des formes expressives retrouvées dans le reste de la Côte d'Ivoire.

Ces étudiants, qui de la sorte se mettent au soin du Zouglou, sont de proportion remarquable sympathisants ou membres de la Fédération Estudiantine et Scolaire de Côte d'Ivoire.

Au départ, Martial Ahipeaud, secrétaire général de la FESCI et les autres responsables de ce syndicat, trouvaient au Zouglou une manière particulière de se divertir et un ajout remarquable aux instruments de leur syndicat. Ce point de vue était largement partagé. Les étudiants pratiquaient secrètement leur danse entre eux. De même, ils étoffaient le champ lexical du Zouglou sans le partager avec les autres. Des chansons naissent dans les campus qui sont des reprises des revendications de la FESCI.

En fait, ne devient pas parent qui veut. Cependant, ce point de vue faisait de la danse de Joe Christy un phénomène qui ne devait pas connaître de promotion réelle. Elle paraissait condamnée à n'avoir d'adeptes qu'au sein des populations des cités universitaires et surtout des militants et sympathisants de la FESCI d'Ahipeaud.

Mais le Zouglou limité aux confins du cadre estudiantin allait bientôt être une affaire du passé. Car la cité universitaire de Yopougon enregistre une arrivée aussi insolite que la danse de Joe Christy. Elle est marquée par un autre jeune homme qui en plus de ses effets vestimentaires, de ses livres et de ses cahiers, porte dans le dos un tam-tam. Le jeune homme s'impose sur plus d'un mètre quatre-vingts. Sur la peau qui couvre le tam-tam, l'on pouvait lire : 'l'enfant clito, l'enfant pourri, l'enfant caillou, petit caillou, wôyô'. Il aimait être appelé par l'un ou l'autre de ces groupes de mots. Mais il ne refusait pas qu'on l'appelle par son nom, Didier Bilé.

Didier Bilé n'a aucun mal à s'acclimater à la vie de la cité universitaire de Yopougon. D'ailleurs, il y rencontre son cousin Simplice Cablétchi alias Ahibébou qui devient d'abord son voisin de cité et ensuite l'homme avec lequel il monte un groupe artistique fort de douze personnes. Ce groupe avec à sa tête Didier Bilé va travailler à la révolution progressive du Zouglou. Pour commencer, ils créent une structure autour de la danse. Ils la dénomment « Année Internationale de l'Entretien (AIE) ».

Comme tout est insolite ici, Didier Bilé trouve en cité des étudiants au sein d'un groupe dénommé « Année Internationale du Gasoil[4] (AIG) ». Ils font appeler leur groupe en accord avec ce que l'année représente à leurs yeux.

Cette année est l'année blanche décrétée par le pouvoir. Ils n'ont pas d'argent, mais ils sont libres de toute obligation académique. Alors, ils décident de l'aborder sans gène. Ainsi, ils s'adonnent aux passions les plus déréglées. En accord avec leur représentation du contexte qu'ils vivent, ils font appeler leur association Année Internationale du Gasoil. Ils emploient le mot international pour faire comme les institutions internationales. Celles-là collent à chaque année un thème et le décrètent comme la préoccupation du moment. Cependant, ces étudiants trouvent qu'elles ne produisent jamais d'action concrète

---

[4] Ambiance folle

en accord avec les thèmes qu'elles proposent. C'est pourquoi ils choisissent le leur à un niveau restreint. Conséquemment, après l'Année Internationale du Gasoil, l'Année Internationale de l'Entretien est décrétée. Il devient le nouveau nom du groupe.

L'année blanche a pris fin. Didier Bilé et ses amis perçoivent sans aucune exception une bourse de l'état de Côte d'Ivoire. Ils mettent fin à la vie sans gène pour mieux s'entretenir et entretenir le Zouglou qu'ils comptent sortir des frontières des campus. Ils envisagent de le transporter dans les profondeurs de la Côte d'Ivoire et en dehors. Cette ambition, ils l'accompagnent de volonté et d'actions. Pour preuve, certains sèchent[5] momentanément les cours pour se consacrer à l'entretien et à la promotion de cette danse qu'il parait de moins en moins convenable d'appeler la danse de Joe Christy. Le Zouglou est maintenant la danse des étudiants, mais surtout le refuge des militants et sympathisants de la FESCI.

Jusqu'en avril 1991, Didier Bilé et ses camarades se conforment à l'approche adoptée par les premiers adeptes de la danse. Comme ces derniers, les membres de l'Année Internationale de l'Entretien utilisent le Zouglou comme un moyen d'échapper au désenchantement social. Toutefois, ils le rendent plus dansant par l'adoption de beaucoup plus d'expressions gestuelles. Ils incorporent à la danse des gestes qui traduisent la vie quotidienne de l'étudiant. Par exemple, les activités académiques sont mimées dans le Zouglou. On peut y voir un étudiant qui

---

[5] Manquer, s'absenter des cours

cogite, un étudiant qui lit, qui est heureux de sa note, un étudiant qui écrit, un étudiant qui triche, etc.

Comme ils l'avaient ambitionné, Didier Bilé et ses camarades entament la promotion du Zouglou. Au début, ils organisent des soirées dansantes dans les cités universitaires. Par cette démarche, les étudiants des cités en dehors de la leur découvrent la danse.

L'année Internationale de l'Entretien a une autre préoccupation. Celle-ci consiste à participer à la lutte estudiantine. Pour ce faire, Didier et son groupe profitent des regroupements que provoque leur passage dans les cités universitaires. Entre deux prestations, ils fustigent la gestion du pouvoir.

Leurs prises de position ont pour conséquence immédiate de renforcer les liens entre la Fédération Estudiantine et Scolaire de Côte d'Ivoire et l'AIE. Cela fait du groupe un partenaire dans la lutte pour l'amélioration des conditions de travail de ses syndiqués, et cela, beaucoup plus souvent à partir de 1991.

Des rencontres régulières à Yopougon entre les responsables de la section locale du syndicat et des membres influents du groupe permettent d'envisager l'avenir du Zouglou dans un contexte beaucoup plus large. L'objectif primordial de ces rencontres est de voir dans quelle mesure le Zouglou peut être débarrassé de l'affectionnément du mondain.

Le début de l'année 1991 est jalonné de plusieurs troubles à l'université d'Abidjan. C'est l'occasion d'une escalade de la violence militaire dans les cités d'étudiants. Tous les regroupements estudiantins en cette année sont en proie à la répression. Cependant, le pouvoir ne fait pas attention aux soirées apparemment distractives où les étudiants semblent ne faire que chanter et danser. L'Année Internationale de l'Entretien va donc aider la Fédération Estudiantine et Scolaire de Côte d'Ivoire dans le regroupement de ses militants aux moments les plus difficiles de la lutte pour l'amélioration des conditions de vie et d'étude à l'université. Il finit par devenir un moyen par lequel les étudiants et la FESCI échappent à la vigilance des autorités.

En mai 1991, l'Année Internationale de l'Entretien s'implique un peu plus dans la lutte syndicale. Le 15 de ce mois, la Fédération Estudiantine et Scolaire de Côte d'Ivoire organise une conférence de presse ouverte au public. La salle choisie pour l'événement est le Forum du campus de Cocody à Abidjan. En pleine conférence, des individus font irruption dans la salle avec des armes blanches. Ils interrompent brutalement la conférence. Les coupables de cette agression et les motivations de leur action restent officiellement inconnus. Comme si la violence de ces hommes armés n'a pas suffi, la police arrive à leur suite. Armée de lacrymogène, elle pourchasse et gaze les étudiants qui avaient pris d'assaut la salle de conférence pour écouter leur leader Martial Ahipeaud.

Le 17 mai de la même année, soit deux jours après l'interruption brutale de la conférence, tard dans la nuit, l'Année Internationale de l'Entretien et les étudiants se retrouvent à l'occasion d'un meeting à la cité universitaire de Yopougon. Cette fois-ci, ce sont les militaires qui font une descente chez eux. Didier Bilé est pourchassé. Son groupe est dispersé. Certains dorment à la belle étoile. Les autres se réfugient dans des buvettes ou dans des maisons à la périphérie de la cité de Yopougon.

La nuit du 17 au 18 mai 1991 est atroce. La cité universitaire de Yopougon connaît de graves incidents. L'atrocité de cette nuit influence résolument la position de l'année Internationale de l'Entretien. Elle impose au groupe de réfléchir au rôle du Zouglou dans la lutte estudiantine. Didier et ses compagnons organisent une rencontre à cet effet. De là, ils décident d'être plus présents dans les cités universitaires. Ils propagent la danse dans le voisinage des étudiants. Ce faisant, ils prennent à témoin des populations autres qu'estudiantines. Enfin, ils désignent Marcel Seaka comme manager du groupe. Ce dernier s'allie à des étudiants qui faisaient la promotion du style de chant Rap à l'université. Ces étudiants créeront plus tard le M.U.R (Mouvement Universitaire du Rap) qui sera dirigé par Marc Lenoir. Le rapprochement avec l'organisation de Marc Lenoir est stratégique. Cette organisation est dynamique et une bonne partie de ses membres présente un penchant pour le Zouglou. Par ailleurs, l'organisation de Marc Lenoir est représentée dans plusieurs cités universitaires, ce qui n'est pas le cas concernant le Zouglou. Travailler avec elle permet non seulement de bénéficier de son dynamisme, mais aussi de son caractère éclaté. En plus, Marc Lenoir a déjà des idées bien cohérentes développées autour de la littérature abondante qu'offre la sphère étendue du Rap. La collaboration avec son organisation et surtout avec ceux de ses membres qui résident à Yopougon aboutira à la naissance du Club des Amis du Zouglou (CAZ). Cette structure renforce la promotion du mouvement. Elle sert aussi de cadre d'échange pour influencer son orientation conceptuelle.

Désigné manager, Marcel Seaka s'entoure d'étudiants qu'il consulte régulièrement dans l'optique de doter le Zouglou d'idées capables de résister à la confrontation. Parmi eux, il y a les membres de la FESCI, dont Touré Moussa Zeguen et Nicole Doué. Il consulte par ailleurs les étudiants avec lesquels il avait fréquenté au Lycée, notamment au Lycée Moderne de Korhogo. Il s'agit de Lacina Yéo, Daniel Yéo et Kouhi Sayin Fiacre.

Les conseils et les suggestions que le manager tire de ses consultations lui font penser qu'il faut être attentif aux réactions des étudiants eux-mêmes plus qu'à tout autre élément dans la vie estudiantine pour permettre au Zouglou de se développer. Il observe alors la peur dans leurs réactions à l'arrivée des forces de l'ordre dans les cités universitaires de Côte d'Ivoire.

Au sein de la population étudiante, certains avaient pris l'habitude de faire peur aux autres pendant les réunions en criant : « Ils arrivent ! ». Ce cri prévenait contre la descente généralement brutale des forces de l'ordre sur les lieux de regroupement. Il suscitait un sauve-qui-peut duquel les adeptes à cette pratique tiraient grande satisfaction.

La pratique s'est avérée si contagieuse qu'elle meublait toutes les rencontres estudiantines. Devenue chose courante, elle finit par annihiler la peur chez les étudiants. Même quand il était vrai que la police effectuait une descente sur les cités pour mater les protestations, certains étudiants ne répondaient plus immédiatement au sauve-qui-peut. Ils attendaient pour voir si c'était vrai. Ils se faisaient surprendre. Pour finir, ils attendaient et affrontaient la peur. Quelquefois, les forces de l'ordre submergées appelaient du renfort.

De l'observation des réactions des étudiants, le manager de l'AIE écrira en substance ce qui suit :

'La peur est créée quand il y a un objet de peur. Tant que l'objet de la peur n'est pas affronté, elle persiste. Dans ce cas, comment affronter l'objet de la peur ? Il faut s'en rapprocher. Quand l'homme se rapproche de l'objet de la peur, il peut le comprendre pour s'en défaire psychologiquement. Ce qu'il côtoie désormais est ce qui lui aurait fait peur au préalable. Cependant, le fait de savoir qu'il peut établir une relation entre lui et l'objet de la peur diminue son intensité. Il parvient à se rapprocher amicalement de l'objet. Il démystifie la peur. Par ailleurs, il découvre que celui qui lui faisait peur n'a utilisé cet objet que parce qu'il en aurait eu peur lui-même. Par conséquent, l'homme s'aperçoit maintenant que l'autre cache derrière son instrument une trop grande faiblesse psychologique. Il peut en négocier une portion de liberté. Pourtant, être libre, c'est ne pas être assujetti. Il est sous-entendu que la peur crée une portion d'assujettissement. Si se rapprocher de ce qui fait une portion d'assujettissement crée une portion de liberté, c'est que se rapprocher de tout ce qui assujettit créera à la longue une liberté totale. Pour se rapprocher de tout ce qui assujettit, il faut pouvoir l'identifier. Est-il possible de le faire sans ramener sa vie à soi ?'

Il répond à cette question par la négative. D'où il estime qu'il faut observer et dire son vécu sans blocage pour permettre d'identifier ce qui assujettit et s'en rapprocher au besoin. Il faut observer et peindre sa misère dans toutes ses formes afin d'aboutir à sa compréhension et de la résoudre conséquemment. D'ailleurs, cet exercice peut gêner le sujet qui fait usage d'objets d'assujettissement. Il conclut en d'autres termes pour dire : « Commencer à peindre sa misère, c'est commencer à lui trouver une solution. » De cette assertion, le manager produit une dissertation. Il se rend ensuite chez Kouhi Sayin Fiacre qu'il trouve très occupé à cogiter sur un devoir qu'il devait rendre dans un bref délai. Il le supplie de lire la dissertation et de dire ce qu'il en pense. Il faisait confiance à l'honnêteté intellectuelle de Fiacre. En outre, si ce dernier trouvait l'idée cohérente et surtout à la hauteur d'une confrontation intellectuelle, rigoureuse, c'est qu'elle pouvait servir de base à l'approche de l'art Zouglou. Fiacre était si préoccupé par son devoir qu'il demande au manager de lui laisser la dissertation pour qu'il la lise après. Il lui demande de revenir dans deux heures, ce que le manager fit. Deux heures écoulées, Marcel Seaka se rend à nouveau chez Fiacre. C'est un ami tout heureux qu'il trouve. L'idée est bonne. L'approche est didactique. Tout de même, Fiacre lui conseille de considérer un cadre qui dépasse les limites de l'université, car il fallait être proactif et penser le Zouglou au-delà de la sphère estudiantine.

Le lendemain, après sa rencontre avec Fiacre, le manager échange sur sa proposition avec Touré Moussa Zeguen et Nicole Doué. Sans leur avoir soufflé un seul mot de sa rencontre avec Fiacre, les deux s'accordent pour dire que le Zouglou doit se préparer à affronter le monde. Le manager comprend qu'il devait faire mieux. « C'est vrai que nous ne resterons pas toujours étudiants » se dit-il. Il se donne un nouveau défi : élargir son champ de réflexion.

Néanmoins, la forme philosophique du Zouglou prendra lentement, mais sûrement corps autour de cette assertion - commencer à peindre sa misère, c'est commencer à lui trouver une solution - qui assimile implicitement l'assujettissement à la misère. Elle est l'aboutissement de l'observation des événements survenus en milieu estudiantin dans la Côte d'Ivoire du début des années 1990.

La cité universitaire de Yopougon où sont basés les membres de l'AIE se situe au centre d'une agglomération dont les habitants vivent en parfaite symbiose avec les étudiants. Les jeunes et les enfants de cet endroit sont les premiers en-dehors de leurs voisins à esquisser les pas du Zouglou. En le faisant, ils le sortent de sa localité d'origine et font courir le bruit qu'une nouvelle danse est née, celle-là d'étudiants.

La nouveauté estudiantine est au centre de toutes les curiosités. Très rapidement, elle fait le tour des quartiers d'Abidjan, la capitale de la Côte d'Ivoire. C'est ainsi qu'elle conduit un groupe Wôyô[6] à la cité universitaire de Yopougon. Il y avait parmi les membres de ce groupe Maga Dindin, Lago Paulin et Achille. Ils se présentent comme membres du groupe musical appelé Système Gazer. A Yopougon, ils découvrent la danse du Zouglou auprès de leurs hôtes qui les soumettent à un langage auquel ils ne s'attendaient pas. Les étudiants leur font comprendre que le Zouglou sans « Kohoun[7] ne vous arrange pas. Toujous[8] ! Tu libères[9] en Kohoun en même temps, en même temps par rapport à ce que tu connais ». Cette réaction désoriente le système Gazer. Il s'attendait certainement à tout sauf cette forme de discours contraire à celui qu'on aurait naturellement attendu d'un universitaire. Il se retrouve plutôt en proie à une pluie d'expressions zouglous. Celles-ci exigent au Système Gazer un dédouanement[10].

Maga Dindin et ses compagnons apprennent à leur dépens qu'ils ont certes en face d'eux des étudiants, mais ceux-là certainement d'un autre monde. En fait, le Système Gazer fait son entrée dans un monde en pleine mutation. Ce monde est certes peuplé d'étudiants, mais il s'agit d'étudiants qui veulent se défaire de la monotonie et du désenchantement vécus en leur société. Ils sont aussi en quête d'une manière objective de communiquer leurs pensées et leurs sentiments aux autres. Car, malgré

---

[6] Musique folklorique urbaine et populaire en Côte d'Ivoire. Faite essentiellement de tambours et de grelots

[7] Boisson

[8] Exactement

[9] Donner, produire, danser, exécuter, parler

[10] Paiement avant service

plusieurs décennies de côtoiement, la langue du colonisateur parlée avec toute son élégance linguistique ne parvient pas à éveiller l'intérêt du plus grand nombre au sein des populations. Il devient alors nécessaire de l'altérer pour se rapprocher des masses. Le langage zouglou est ainsi créé et justifié. Il est la conséquence de l'altération de la langue du colonisateur. Il puise une partie de son vocabulaire des nombreuses langues de l'Afrique en général et de la Côte d'Ivoire en particulier. Il se confond quelques fois au Nouchi, une forme d'expression retrouvée dans les rues des bas quartiers de la Côte d'Ivoire.

Comme les étudiants l'exigent, le Zouglou est dédouané et Maga Dindin dans son comme ça[11] s'est jawili[12] sur le kplo[13].

Cet homme joue du tam-tam avec perfection. Ses rythmes envoutants, qu'il accompagne d'une voix suave, se mêlent par moment comme dans un tuilage contrepointique à la randonnée vocale de ses compagnons. Paulin et Achille se baladent de leur voix sur le rythme. Rien dans leurs allures ne semble calculé, mais tout est parfait. Ils s'y adonnent de manière désinvolte. L'insolite, qui se manifeste dans leur désinvolture, séduit les étudiants. Car ce monde aime l'insolite. Maga Dindin, Paulin et Achille peuvent se sentir chez eux.

L'Année Internationale de l'Entretien et le Système Gazer chantent et dansent pendant des heures là où tout se

---

[11] Sans ambages, sans calcul

[12] S'acharner

[13] Tam-tam, tambour, djembé

fait en Zouglou ; la Rue du Zouglou. Cette rue est baptisée ainsi par Didier Bilé et l'idée est reprise par les étudiants dans le souci de verser dans l'histoire les traces de cet endroit à Yopougon qui marque la naissance du Zouglou. Car ceci, qui avait débuté par des gestes inspirés de la manière de se mouvoir d'un enseignant, devient maintenant un mouvement à part entière.

Le campus de Yopougon compte deux cités-dortoirs. L'une s'appelle Yopougon 1 ou Yop 1 et l'autre Yopougon 2 ou Yop 2. Elles sont placées l'une en face de l'autre et séparées par une route bitumée. La Rue du Zouglou est située à la sortie de la cité universitaire de Yop 1. L'entrée principale de cette cité comprend cinq bâtiments disposés dans un ordre alphabétique : A, B, C, D, E. Une ruelle contourne le bâtiment A qui donne sur un terrain de handball construit dans une cuvette faite de dortoirs. Ce terrain, parcouru d'un poteau à l'autre, débouche sur la Rue du Zouglou où habitent la plupart des membres de l'AIE. Cette rue traverse des blocs où sont passées les unes après les autres plusieurs générations d'étudiants. A la fin de ces blocs, deux portes placées l'une en face de l'autre marquent le fief de l'Année Internationale de l'Entretien. Dans le sens allant du terrain de handball à la rue, ces portes abritent à gauche Ahibébou et Nickaise De Bessou. A droite sont les dortoirs de Didier Bilé, Florent, Jacques, Jules Loubé et Bill Wallace. A quelques mètres de là, à la sortie de la cité vit une famille, amie à l'AIE. C'est aussi la demeure d'un jeune garçon surnommé Photocopie qui travaillait avec ses ainés étudiants. Son nom est inspiré de sa capacité de rétention et de reproduction rapide des pas de danse qui lui sont appris. Photocopie apprend vite et excelle dans le Zouglou du reste mieux que beaucoup d'étudiants. C'est chez lui que Didier Bilé, Ahibébou et les autres conduisent leurs visiteurs. Ils veulent être dans la cité sans être dans la cité.

Se déplacer de quelques mètres seulement au-delà d'un bloc qui n'est séparé d'aucune clôture des autres, c'est ne pas s'être déplacé. C'est être dans la cité. Mais c'est aussi être hors de la cité puisque la demeure qui accueille les étudiants ne fait pas partie du patrimoine universitaire. Ici, le tam-tam et les chants peuvent retentir sans gêne puisqu'on a l'excuse de se trouver hors de la cité. En plus, où peut-on prouver qu'il manque un équilibre à sa société ? C'est là où les entités sociales se confondent sans détermination commune. C'est aussi là où l'espace exprime au mieux le cumul de responsabilités. Ce petit périmètre se veut à la fois la garde des étudiants et celle des autres membres de la société.

Après la visite rendue à leur cadet, les étudiants conduisent Maga Dindin et les autres dans un endroit qui présente les mêmes caractéristiques que chez Photocopie. Ils se déportent à Yop 2, l'autre cité en face de la première. Une dame ici vend du zinglin, une boisson locale communément appelée Koutoucou.

A peine se sont-ils installés qu'une compétition est suscitée qui doit déterminer la doyenneté croissante. Il s'agit du degré de résistance dans l'inconscient : qui peut sans être lui-même savoir ce qu'il est ? A deux heures du matin, l'un des hommes s'écroule de son siège. On apporte une brouette pour le transporter. Les uns prennent ses pieds et les autres ses bras pour le soulever de terre. Ils comptent à trois puis disent : « En même temps est mieux. » Maga Dindin s'en sentit offusqué et l'idée de la brouette fut abandonnée.

Un peu vers le levé du jour suivant, les étudiants retournent à leur fief. Là-bas, quelqu'un pensa que le déséquilibre social n'était pas encore perçu. Il retourne vers ses amis et demande : « Est-ce qu'ils ont compris ce que nous faisons ? Est-ce qu'ils savent où nous allons ? » Aussitôt cette question posée, il se débarrasse de ses habits et hurle : « Ils pensent qu'il n'y a que la filature[14] ! » Un autre étudiant sûrement réveillé par ce hurlement rétorque : « Un frère[15] ! Tu te brises[16]. » Enfin, l'Année Internationale de l'Entretien s'éclipse avec ses visiteurs.

Le groupe Système Gazer a un engagement avec les organisateurs d'une émission télévisuelle en Côte d'Ivoire. Il se produit déjà tous les samedis à une émission de la Radio Télévision Ivoirienne (RTI). Cette émission se nomme « Variétoscope ». Cet engagement fait du Système Gazer le groupe qui le premier porte les pas de danse zouglou au-devant du grand public. Car le week-end qui suit leur visite à Yopougon, Maga Dindin, Achille et Paulin donnent une prestation teintée de Zouglou à la télévision nationale. Leur prestation est suivie avec beaucoup d'intérêt par les membres de l'AIE qui y voient une promotion par anticipation.

---

[14] Le sexe

[15] Manière de s'appeler entre étudiant

[16] Dérailler

Après cette émission, Didier Bilé et ses compagnons se rendent au Sable, un bar construit au biais d'une juxtaposition de bois tous de bleu peints. De la cabine du garçon de ce bar, une petite terrasse se sépare de l'extérieur d'une clôture. Un passage expressément fait dans la clôture permet l'accès au guichet. C'est l'extérieur qui a inspiré l'appellation de cet endroit. Car après la terrasse, une cours offre un décor de plage en miniature. Il ne manque que l'eau pour achever la maquette. La cour est remplie de sable et ses extrémités sont jalonnées d'arbustes aux feuillages constamment verts, ce qui fait du Sable un endroit parfait où se protéger du soleil.

C'est ici, du côté d'une caserne de sapeurs-pompiers, à deux ruelles qui marquent la fin de la cité de Yop 2 que l'AIE exprime sa satisfaction de voir le Zouglou montré à toute la Côte d'Ivoire. Les premiers kohoun rapidement croqués[17], les bouteilles deviennent des grelots et Didier libère[18] un Zouglou.

Mais la Rue du Zouglou appelle ses hommes. Ils quittent le Sable pour s'y rendre. Ils y sortent leur tambour et entonnent des chants d'un répertoire à la fois humoristique et satirique. Quelques minutes seulement suffisent pour sortir de leur chambre des centaines d'étudiants. En fait, les deux cités de Yopougon convergent à la Rue du Zouglou. En un rien de temps, elle devient exiguë. Cela impose un arrêt de la prestation pour faire de l'espace afin de faciliter l'exécution des pas de

---

[17] Bu, boire, consommer
[18] Chanter

danse. Le dieu du bois sacré[19], Zeus est commis à cette tâche. L'espace fait, Didier et ses camarades peuvent reprendre :

« Depuis la naissance
Depuis CP1 on nous a frappés
On n'a pas pu nous tuer
On veut nous tuer
A cause de Zouglou, on veut nous tuer
Parce qu'on va tout changer
On veut nous tuer
A cause de FESCI, on veut nous tuer
Parce qu'on va tout changer
Yao Yao lé
On nous a frappés
La maîtresse dit qu'au CP1
On nous a frappés
CP2
On nous a frappés
CE1
On nous a frappés
En 4e
On nous a frappés
Même en 1ère
Mais maintenant que nous sommes étudiants
On nous ment djo djo
On nous ment djo djo… »

Une casquette arrachée de la tête d'un parent circule d'une poche à l'autre pour s'offrir un kohoun public. Un

---

[19] Au sommet du secret

porte-parole du bureau de la FESCI tente de se frayer un passage pour atteindre la tribune de L'AIE. Dans la foulée, il marche sur des pieds et l'on entendit : « Awili[20] ! Pitié pour un frère en abacou[21]. »

- En abacou ne t'arrange pas. Écrase[22] ! Rétorque l'homme qui passe.

Le porte-parole se fraye son chemin dans la chaleur des cris et de l'excitation. Il parvient à Jacques, un membre de l'AIE aussi appelé Le Vieux pour sa propension à imiter le Président Félix Houphouët Boigny. C'est Le Vieux qui ce jour est chargé de filtrer les intervenants. Il fait signe au porte-parole de libérer[23].

La Fédération Estudiantine et Scolaire de Côte d'Ivoire veut s'adresser aux étudiants. Au même effet, des coups de sifflet retentissent pour imposer le silence. Cependant, cela ne suffit pas, car quelqu'un demande : « Il va nous dire quoi même ? » A cette question, le silence est rompu. L'homme qui a osé la poser est menacé d'être zébié[24]. Il lui est formellement recommandé d'enterrer son film en noir et blanc[25]. Après cette injonction, il obtempère. De nouveaux coups de sifflet retentissent et le silence revient.

- Parents ! Faites en oreille droite[26] ! Supplia un étudiant pour demander plus de silence.

---

[20] Ami

[21] Petit, court de taille

[22] Dégager

[23] Parler

[24] Etre lynché

[25] Raconteur des histoires à dormir débout, fausse histoire

[26] Etre attentif

Enfin, le représentant de la Fédération Estudiantine et Scolaire de Côte d'Ivoire peut parler. Il demande une mobilisation contre les mandats d'arrêt, les arrestations et les kidnappings dans les cités universitaires depuis le déclenchement de l'affaire Thierry Zébié, un étudiant mort lors d'affrontement entre étudiants. A la fin du discours du porte-parole de la FESCI, l'AIE entonne une chanson appropriée à sa requête :

« Un étudiant qu'on appelait
Zébié
Un étudiant qu'on appelait
Zébié
Le roi des étudiants loubards qu'on appelait
Zébié
Le loubard qu'on appelait
Zébié
Il est mort oh !
Ça nous fait pitié… »

Des bruits de bottes se mêlent à l'atmosphère. Quelqu'un au fond de la mêlée crie : « Ils arrivent ! ». Personne ne fuit. Cette nuit, les étudiants attendent.

Les conséquences qui résultent de l'attitude des étudiants après la démystification de la peur sont désastreuses pour le pouvoir. L'autorité de l'administration s'en trouvera écorchée. Même quand son intention n'est pas de mater les protestations, la suspicion après la disparition de la peur vis-à-vis des forces de l'ordre rend les étudiants impulsifs. Puisque ce qui les lie à l'autorité n'est pas le respect, mais la peur vis-à-vis d'elle, il découle de la disparition de la peur des affrontements sans aucune raison appréciable. La seule présence des forces de l'ordre suffit pour enflammer les cités universitaires. Les forces de l'ordre elles-mêmes finissent par devenir suspicieuses. Elles vont à leur mission avec l'idée qu'elles seront agressées. De ce fait, elles deviennent impulsives à leur tour.

Mais la plus grande suspicion naît entre les étudiants eux-mêmes. Ceux qui crient « ils arrivent », pour certainement plaisanter sont vus comme des trouble-fête, partant contre les causes défendues collectivement. Ils sont vus comme des traîtres de la cause et associés aux autres considérés à tort ou à raison comme tels.

L'extirpation et la punition des traîtres deviennent des préoccupations dans la lutte estudiantine en Côte d'Ivoire. Elles conduisent à un vandalisme entre étudiants. Elles sont encouragées par la mort de la peur vis-à-vis de l'autorité et l'inexistence de respect pour cette même autorité. Elles atteignent un point culminant après la mort de Thierry Zébié. Elles se traduisent par des courses-poursuites ici et là à travers les cités universitaires. Car de manière résolue, il faut se débarrasser de ces gens qui ne servent plus la cause estudiantine et qui ont choisi de travailler pour le camp adverse. C'est ainsi qu'une nuit, un étudiant accusé de traîtrise est pourchassé du côté du 150, un restaurant à l'arrière de Yop1.

L'arrière de Yop1, cet endroit, aussi bizarre qu'il parait, a une beauté qu'il est difficile de voir excepté quand on est étudiant de Yop1. Le repas au 150 est à 150 FCFA.

Pitié[27] ! Dans les parages, il y a un bar. Le tenancier de ce bar est un jeune homme très aimable. Il ouvre tôt. Il ferme tard. On peut même le réveiller pour qu'il ouvre. Mais cette dernière option n'est réservée qu'à ceux qui font partie de ce qu'on appelle au campus l'OPP (Organisation des Parents Payeurs). A environ 30 mètres de là, il y a une rue. De l'autre côté de la rue, se trouve une broussaille. Cette broussaille généreuse sert de chemin d'escampette à l'arrivée des forces de l'ordre. Au centre de la broussaille, se tiennent quelques bâtiments. L'un d'eux abrite une pharmacie. Une autre broussaille sépare ces bâtiments d'un kiosque. Entre le kiosque et la pharmacie, une ruelle de 80 mètres environ donne sur un autre quartier. Au bout de cette ruelle, des prostitués ont aménagé. Le décor qu'elles offrent reflète le coût de l'élégance : un lit immédiatement là derrière un rideau de pagne, un seau à un coin de mur, un fourneau à un autre, quelques baluchons accrochés çà et là, un tabouret et 50 FCFA de plus que le 150. D'ici jusqu'à Yop 1, tout se négocie. Personne n'est intransigeant. Tous les services rendus peuvent être réglés après.

C'est de ce côté de Yop 1 que le supposé traître a fui. Mais les étudiants ne sont pas les forces de l'ordre. Ils sont au courant de la générosité des environs. Ceci dit, les broussailles sont gardées. L'escampette s'achève alors dans le kiosque non loin de la pharmacie.

Comme tout se négocie ici, les étudiants les plus acharnés avortent la chasse soudainement. Les autres ne comprennent rien à ce changement brusque. Ils insistent,

[27] Prendre note, remarquer, faire attention, avoir de l'empathie

mais se voient supplier de ne pas toucher à ce kiosque. Stupéfaits, ils exigent des explications. Il s'en suit une réunion à l'improviste…

On a évité le pire. Cette issue est à mettre au compte du gérant de ce kiosque. Il est situé dans un endroit où la circulation n'est pas dense. Sa clientèle est en majorité étudiante. Son affaire tourne sur la base du crédit. Le client consomme et paie à une date entendue. Mais, ne bénéficie pas de cette offre qui veut. Il faut être étudiant et de l'une ou l'autre des cités universitaires de Yopougon. Les plus acharnés du groupe qui poursuivait l'autre sont des réguliers de cet endroit. Ils avaient à leur compte contracté de lourds bordereaux[28], signe d'une confiance inviolable. D'où ce kiosque restera intouché tout comme le fugitif.

En fait, les étudiants n'hésitent pas à se faire justice eux-mêmes. De cette forme de justice, des clans naissent progressivement dans les cités universitaires. A côté de ces clans, l'on assiste à l'émergence de mouvements pacifistes essentiellement affiliés à des confessions religieuses héritées de l'esclavage et de la colonisation.

Le gouvernement ivoirien ne prend pas la mesure du danger. Il se rapproche plutôt des mouvements les plus modérés. Il soutient les directions de ces mouvements et finit par être soupçonné de promouvoir dans les campus, l'émergence d'hommes et de femmes qui ont démontré leur capacité de destruction dans les rues d'Abidjan. Car ceux-ci sont désormais en compétition avec les forces de l'ordre dans les cités universitaires toujours en ébullition.

---

[28] Dettes

La confusion est totale. Dans cette confusion, le pouvoir veut encore faire son travail de protection et de sécurité des hommes et des biens. Il compte restaurer son autorité. Cependant, la Fédération Estudiantine et Scolaire de Côte d'Ivoire se sent lésée par l'approche gouvernementale. Elle entreprend alors de mobiliser ses militants pour s'y opposer.

Quelques semaines après le passage du Système Gazer, l'AIE reçoit Poignon, un ami de longue date à Didier Bilé. Il arrive à la Rue du Zouglou avec des objectifs différents de ceux de Maga Dindin et ses compagnons. En effet, il vient d'achever la maquette d'une œuvre discographique qu'il veut faire écouter à ses amis étudiants. Il entend aussi accommoder son travail au rythme qui alimente toutes les causeries dans le milieu de la musique. Il s'accorde avec ses hôtes puis fait appeler son groupe Zougloumania. Par ailleurs, Poignon s'allie à des étudiants qui comme Didier et ses amis connaissent les pas du Zouglou.

A sa sortie, l'œuvre de Poignon a un grand succès médiatique et elle se vend bien. Elle apporte au Zouglou la meilleure des promotions qu'il a jusque-là connue. Le travail de cet artiste et de Bouabré son collègue du groupe Zougloumania est si soigné que le groupe musical Woya est séduit par le Zouglou.

Traditionnellement, la musique du groupe Woya est proche de celle de Kassav, un groupe musical antillais qui domine le marché de la musique en Côte d'Ivoire dans le milieu des années 1980. L'adoption du Zouglou par ce groupe est ressentie comme une grande surprise dans le milieu étudiant. Mais elle suscite simultanément une grande joie. Car la renommée de Woya en Côte d'Ivoire ne se conte pas. Elle se vit. Il est donc bon de l'avoir comme partenaire.

En septembre 1991, le groupe musical estudiantin se réunit pour réfléchir sur l'orientation du Zouglou. Les membres de l'AIE sont de plus en plus convaincus qu'il faut avant toute chose défaire le Zouglou jusque-là rattaché au terme zougloubéhi de son contenu alcoolique. « Ce ne sera pas digne d'aller au-devant des Ivoiriens avec un mouvement qui fait l'éloge de l'alcool et du mondain. » Déclare le manager du groupe qui depuis sa désignation à son poste travaille à donner au Zouglou un souffle nouveau. Sa protestation rencontre l'approbation de tous les membres. Il ne pouvait pas en être autrement, vu le lien entre la FESCI et l'AIE. D'ailleurs, avant cette rencontre, une discussion a lieu sur les avancées de l'approche du mouvement Zouglou au bloc 26 de Yop1 entre les étudiants du M.U.R de Marc Lenoir et Marcel Seaka. Ce même jour, tard dans la soirée, Koukougnon Assoa Jean-Pierre propose au manager de l'AIE la création de ce qu'il a appelé « la zougloutique ». Il décrit succinctement ce terme comme étant le « cadre d'expression Zouglou ». Pour lui, la zougloutique doit être à la musique, ce qu'est la griotique[29]de Niangoran Porquet et d'Aboubakar Touré au théâtre. Le manager accepte l'idée, car elle est proche de ses aspirations, mais il ne peut pas donner suite à la proposition de Koukougnon.

En fait, au vu des conclusions de la réunion de l'AIE, il n'était pas sûr que le mouvement continuerait de s'appeler

---

[29] Un concept scénique qui traduit l'oralité poétique négro-africaine

Zouglou. En effet, à cette réunion, certains membres avaient proposé de changer le nom de la danse pour briser le lien entre le mouvement et l'alcool. Les autres participants ont accordé à ces derniers la soirée pour faire des propositions. C'est au cours de cette soirée que Koukougnon propose l'idée de la zougloutique au manager du groupe. Il fallait attendre que les membres de l'AIE s'accordent sur la nouvelle appellation du mouvement.

L'attente n'a pas été longue. Ils ont passé en revue différentes appellations, mais ont fini par conclure que changer ce nom déjà connu et adulé allait diminuer l'engouement obtenu. L'idée de la zougloutique avait donc des chances de prospérer.

Cependant, le lien entre Zouglou et Zougloubéhi posait toujours problème. Pour y remédier, l'AIE confie au manager, la tâche de faire des recherches afin de trouver une solution appropriée. Ce dernier propose qu'il faille chercher à rapporter le terme Zouglou à une langue dans laquelle il a un sens conforme aux nouvelles aspirations du mouvement. Il faut aussi que le mot Zouglou dans la langue qui lui est associée soit aisément représentatif de l'environnement originel du mouvement. Pour ce faire, il prend une fois de plus attache avec la direction de la FESCI, les membres du Club des Amis du Zouglou et les anciens élèves du lycée Moderne de Korhogo. Aussi, des membres des Parents du Campus dont Cablétchi Simplice, Jules Loubé et Nickaise De Bessou sont associés à ce travail. Ils découvrent que le même mot se retrouve dans de nombreuses langues locales, avec des significations différentes. Toutes les trouvailles sont ensuite rapportées au manager de l'AIE qui devait choisir et proposer la langue finale à laquelle le terme devait se rapporter. Après avoir procédé par élimination, deux langues sont retenues parmi lesquelles le choix définitif est fait. Zouglou en Guéré (langue de l'Ouest de la Côte d'Ivoire) ou Zouglou en Baoulé (langue du Centre de la Côte d'Ivoire). En Guéré, le terme fait allusion au 'déterrement' ou à la 'voix de l'âme'. En Baoulé, il présente un entassement, un regroupement désordonné ou des ordures.

Le déterrement pouvait s'appliquer au Zouglou tout comme la voix de l'âme. Ce terme aurait donné au Zouglou l'idée d'un mouvement dont l'action est de déraciner une entité et de la sortir de son habitat souterrain pour l'exposer au jour. Quant à la voix de l'âme, le Zouglou en serait devenu le cri de cœur de ses adeptes. Ces deux approches auraient bien collé au Zouglou, mais elles l'auraient empêché de présenter directement le contexte estudiantin duquel il émane.

Par contre, Zouglou en Baoulé permet de voir sans s'efforcer, l'environnement qui fait naître le Zouglou. Il présente un entassement ou un regroupement désordonné. Jules Loubé et Cablétchi Simplice en donnent une explication claire. Le terme est le plus souvent utilisé au sein d'une expression : « ô ti lé Zouglou ». Cette expression signifie : « Ils sont entassés là comme des ordures ». Elle ouvre la porte grandement sur le monde universitaire ivoirien des années 1990.

Le milieu universitaire en général et estudiantin en particulier, bourdonne d'associations et de mouvements qui s'accordent difficilement sur les problèmes académiques et scolaires. Il y a d'un côté les groupes religieux et les organisations pro-gouvernementales. De l'autre, se trouvent les groupes opposés à la politique de gestion du pouvoir. La confrontation entre et à l'intérieur même de ces organisations dans les campus est chose commune. En juin 1991, le milieu étudiant déplore la mort de Thierry Zébié survenue des suites d'une confrontation entre étudiants. Sa mort est embarrassante pour le gouvernement ivoirien qui est soupçonné à tort ou à raison, de radicaliser contre les autres, les étudiants qui le soutiennent.

Les mandats d'arrêt, la corruption, les poursuites judiciaires, l'espionnage et le jeu de la dénonciation consécutifs à la mort de Thierry Zébié exacerbent les divergences et les positions antagonistes dans le milieu universitaire. La situation d'incapacité quant à la création d'une plate-forme pour mieux appréhender les tares du système éducatif est vue par l'Année Internationale de l'Entretien comme la conséquence d'un désordre généralisé : O ti lé Zouglou.

La compétition des intelligences et le bras de fer entre ses leaders nés de divergences et de soupçons mutuels entraînent la Fédération Estudiantine et Scolaire de Côte d'Ivoire dans une lutte interne aux rebondissements tragiques. Les hommes peuvent être ensemble au même lieu et pour la même cause sans être unis. C'est tout comme les ordures ; au même endroit et qui n'ont de lien que l'état ordurier.

En outre, l'expression « o ti lé Zouglou » colle bien à l'habitat estudiantin parce que l'université de Côte d'Ivoire construite préalablement pour recevoir six mille étudiants, en compte trente mille en 1991. Par conséquent, les cités universitaires sont surpeuplées. Elles sont en outre délaissées et souffrent d'une insalubrité éloquente. Les étudiants y sont entassés, là, comme des ordures.

Après avoir considéré toutes les informations qui précèdent, l'Année Internationale de l'Entretien décide de continuer de faire appeler la danse Zouglou. Ses membres affectent le terme à l'ethnie qui traduit le plus clairement leur nouvelle perception.

C'est la fin du Zouglou tel qu'il fut connu avec la génération de Joe Christy. Mais c'est aussi la fin de l'Année Internationale de l'Entretien. Car les étudiants décident de changer de nom pour devenir Campus Ambiance et ensuite Parents du Campus Ambiance. L'utilisation du terme parent dans la nouvelle appellation du groupe vient d'une idée de Wenceslas Georges Aboké, en ce temps, membre du personnel de la Radio Télévision Ivoirienne. Il venait régulièrement à Yopougon pour s'enquérir des tenants et des aboutissants du Zouglou. Il y découvre que les étudiants s'appelaient les uns les autres 'parents'. En septembre 1991, au bloc 26 de la cité universitaire de Yop 1, il suggère l'insertion de ce terme dans le nom du groupe afin de coller à la réalité des étudiants.

Au cours du même mois de Septembre, l'AIE devenu maintenant Parents du Campus Ambiance rentre en studio pour enregistrer sa première œuvre titrée « Gboglo

Koffi ». Cette œuvre sortira dans la deuxième semaine du mois d'Octobre qui suit. Il s'agit d'une esquisse de la vie estudiantine dans la Côte d'Ivoire du début des années 1990.

Par cette œuvre, les Parents du Campus Ambiance prennent les Ivoiriens à témoin en leur exposant les conditions de vie dans leur milieu. Ils le font dans un style qui fusionne l'humour et la satire. Ils peignent leurs joies et leurs peines, leurs sentiments et leurs émotions dans une ambiance syntaxique et lexicale inhérente au Zouglou.

Gboglo Koffi se veut un signe avant-coureur de l'avènement d'un mouvement d'idées, une danse philosophique qui permet de faire le vide autour de soi afin de mieux réfléchir. Ce mouvement d'idées n'est rien d'autre que le Zouglou pour lequel Gboglo Koffi devient un cri qui affirme l'engagement des étudiants à le soutenir et à l'entretenir. Tout au long de la chanson principale de l'œuvre, les Parents du Campus Ambiance entonnent en refrain, « voilà AIE ! ». Par AIE, Année Internationale de l'Entretien, ils disent implicitement, 'voilà enfin venu le moment de concéder à notre mouvement son lustre'.

Concéder au mouvement Zouglou son lustre n'a pas été une tâche facile. La production de Gboglo Koffi s'est avéré un processus chaotique au point où même le clip vidéo de la chanson phare n'a pas été édité avant sa publication. L'enregistrement des chœurs qui devait se faire en plusieurs prises a fini par ne bénéficier que d'une prise témoin. Entre la production de la maquette de Gboglo Koffi et l'entrée en studio, il s'est écoulé un temps si long qu'il a failli avoir raison de la détermination du groupe. Certains n'y croyaient presque plus.

La raison du chaos s'explique par le fait que les Parents du Campus Ambiance devaient maintenant partager leur temps entre les exigences du monde académique et la réalité du milieu de la musique professionnelle. A Yopougon, ils chantaient quand ils voulaient et comme ils voulaient. Dans le domaine de la musique professionnelle, les choses sont différentes. Ils ne sont plus maîtres du temps et de l'approche.

Par ailleurs, les membres du groupe ne suivent pas la même discipline académique. Trois (Loubé, Modeste et Bill Wallace) sont en Droit, deux (Seaka et Nickaise) sont en Anglais, un (Jacques) est en Espagnol, un (Didier Bilé) en Science Economique, un (Cablétchi Simplice) en philosophie, deux filles (Ouli Rose et T.A.M) dans des disciplines de sciences humaines différentes, un autre (Alaba Aimé) est encore lycéen et le dernier membre du groupe (Florent) suit des cours de comptabilité. Par conséquence, leurs temps libres diffèrent pendant la journée. Le processus et le temps de production en sont sévèrement affectés. Car il était difficile, voire impossible de regrouper tout le monde en un même lieu à la fois. A cette difficulté, s'ajoute la disponibilité de l'arrangeur avec lequel ils travaillent. Koudou Athanase, c'est de lui qu'il s'agit, est du corps de la marine ivoirienne. Il n'est presque jamais libre. En outre, le producteur veut garder l'anonymat. Les relations avec lui doivent être discrètes. Cette exigence implique une tierce personne dans le dispositif d'interaction entre le groupe et lui. Elle gêne énormément le processus de communication et la chaîne de décision. Cette situation est aggravée par la précarité des technologies de la télécommunication de cette époque.

Ainsi, la difficulté de s'adapter aux exigences du milieu de la musique professionnelle, leur calendrier académique et scolaire, le statut de leur arrangeur, l'obligation de maintenir l'anonymat de leur producteur et la nécessité de communiquer avec ce dernier par personne interposée influencent le processus de la production de Gboglo Koffi au point de le rendre chaotique. Mais les étudiants réussissent à surmonter les contraintes qui s'imposent à eux. Ils rentrent finalement dans le marché de la musique.

A l'intérieur du groupe les Parents du Campus Ambiance, il y avait deux chanteurs : Alaba Aimé et Didier Bilé. En général, Aimé est un très bon compositeur, mais il n'arrive pas à soutenir les gammes complexes que demandent certains chants. Didier parvient à soutenir n'importe quelle gamme qu'on lui propose, mais verse plus dans l'improvisation et dans l'interprétation. Leur complémentarité finit par s'exprimer en Didier Bilé. D'ailleurs, c'est ce dernier qui facilite l'intégration du lycéen dans les Parents du Campus Ambiance. Elle sera mise à profit pour concocter le premier album du groupe.

En-dehors de la forme de diffusion de l'album par l'entreprise qui en avait contractuellement la charge, les étudiants eux-mêmes formulent un système de promotion et d'accès au marché. Cette tâche dans les cités universitaires prend la forme d'un mot d'ordre syndical sous l'impulsion de la Fédération Estudiantine et Scolaire de Côte d'Ivoire. Le bureau exécutif de la FESCI qui trouvait au Zouglou un partenaire et un instrument de lutte n'a ménagé aucun effort pour contribuer à la promotion dans toutes les cités universitaires de l'œuvre des Parents du Campus Ambiance. En effet, il est écrit partout « à chacun sa cassette ».

Cette idée de marketing est à mettre au compte de la perspicacité de Moses Djinko, un étudiant qui succédera plus tard à Marcel Seaka comme manager du groupe Parents du Campus Ambiance. Il a proposé l'dée une semaine avant la sortie de l'œuvre.

Après avoir obtenu l'adhésion de Didier Bilé et Marcel Seaka lui-même, le 9 Octobre 1991, soit à la veille de la sortie de Gboglo Koffi, Moses Djinko se rend nuitamment au Campus de Cocody à Abidjan pour coller la première affiche. Son idée est immédiatement reprise par la FESCI. Elle en fait un mot d'ordre syndical. Chaque étudiant devait s'assigner le rôle d'écouler l'œuvre de leurs parents du campus. Certains achètent les cassettes et les revendent là où ils peuvent sans le moindre profit. En une semaine, les Parents du Campus Ambiance sont écoutés à tous les coins de la Côte d'Ivoire.

La popularité de ce groupe musical d'étudiants le rend incontournable. Pour les professionnels de média, il faut l'avoir à l'antenne pour acquérir une forte audience.

Beaucoup d'animateurs voient au Zouglou la musique de l'avenir et y croient sérieusement. Wenceslas Georges Aboké est l'un d'entre eux. Il y croit franchement et lui accorde une assistance totale. D'ailleurs, Aboké peut être cité ici comme l'élément clé qui permit la médiatisation à grande échelle du Zouglou en Côte d'Ivoire.

Néanmoins, il ne faut pas perdre de vue les artistes qui précèdent les Parents du Campus Ambiance sur le marché de la musique. Ils jouent un rôle indéniable dans le succès consécutif des étudiants. Grâce à eux, toute la Côte d'Ivoire sait que le Zouglou est une danse estudiantine puisque l'un après l'autre, ces artistes le font savoir. Quand après, le bruit court selon lequel un groupe d'étudiants est en studio, la jeunesse ivoirienne attend fermement pour en savoir plus. Les médias ivoiriens satisfont cette attente.

En effet, la presse écrite, la télévision et la radio en Côte d'Ivoire s'ouvrent au Zouglou comme dans une complicité. Cependant, les animateurs et les journalistes qui font montre de cet esprit ouvert au Zouglou ne partagent pas le même intérêt dans le mouvement. Certains sont animés par pure curiosité et les autres le sont par des intérêts lucratifs ou politiques. Le tout premier intérêt observé est celui de la curiosité.

La cité universitaire de Yopougon est au début des années 1990 au centre des grands événements sociopolitiques en Côte d'Ivoire. Dans le mois de mai 1991, elle est occupée par des militaires. Par ailleurs, la plupart des responsables du syndicat estudiantin le plus influent, la Fédération Estudiantine et Scolaire de Côte d'Ivoire sont à Yopougon. La confrontation, entre étudiants et loubards, qui provoque la mort de Thierry Zébié a vu les cités universitaires de Yopougon indexées. L'un des rares kidnappings en l'occurrence un agent de la Société du Transport d'Abidjan (SOTRA), en guise de protestation, se produit à Yop 2.

Tous ces événements et bien d'autres font des étudiants de Yopougon une curiosité. Ce qu'ils font est rarement vu en Côte d'Ivoire. Ce qui intensifie la curiosité est qu'il sort de ces cités universitaires de Yopougon une danse doublée d'une musique qui de surcroît est dite philosophique. Lorsque les animateurs des média découvrent l'intérêt que le public lui porte, ils sont séduits. Ils en font leur élément principal dans l'amélioration de leur audience.

Le second intérêt observé est purement lucratif. Des employés de la Radio Télévision Ivoirienne sont inévitablement attachés au Zouglou parce qu'ils produisent des artistes du mouvement. Par exemple, la première œuvre discographique du groupe Système Gazer est produite par un employé de la Radio Télévision Ivoirienne. Ailleurs, d'autres animateurs obtiennent des contrats de production de spectacles dont le succès passe par la promotion de ces artistes.

Le dernier intérêt, et non des moindres, est politique. Des animateurs sont certainement de l'opposition qui prend lentement, mais sûrement corps en Côte d'Ivoire. L'environnement politique dans le pays et leur position dans un lieu de travail aussi stratégique que délicat pour le régime, ne leur permet pas de prendre ouvertement position sur les événements qui ont cours. Cependant, ils ne ressentent aucune gêne à diffuser de la musique et à présenter une danse qui s'accorde à leurs aspirations, mais dont ils ne sont pas responsables. En conclusion, les Parents du campus bénéficient de la curiosité et des intérêts lucratifs et politiques de ces professionnels de média dans leur pays.

L'histoire des groupes artistiques a ceci de commun : les artistes d'un même groupe, malgré l'effort de chacun, ne peuvent obtenir leur renommée ou gloire distribuée équitablement. Au sein des Parents du Campus Ambiance, c'est Didier Bilé qui éventuellement bénéficie de plus d'attention que les autres. Quoi de plus normal ! Didier Bilé a une présence scénique exceptionnelle. Il est à la fois leader vocal et de loin le meilleur danseur du groupe. Gboglo Koffi fait de cet artiste une gloire nationale. Mais alors, son ascension ne sera pas de longue durée.

L'artiste et ses compagnons ont des positions divergentes sur la vie artistique et la gestion des ressources humaines et matérielles du groupe. En outre, l'idylle entre les Parents du Campus Ambiance et leurs compatriotes étudiants prend une tournure inespérée.

Les étudiants en général, et en particulier les membres du bureau exécutif de la Fédération Estudiantine et Scolaire de Côte d'Ivoire, estiment que le groupe s'éloigne de la cause estudiantine. De ce fait, ils sont nombreux qui commencent à le bouder. Par exemple, lors d'un sit-in dans les locaux du ministère de l'éducation au centre-ville de la capitale ivoirienne, les Parents du Campus ont cru juste d'aller soutenir les manifestants. Ils se rendent à la tour qui abrite le ministère. Cependant, ils y sont reçus avec une froideur si grande qu'ils ont quitté le lieu de la manifestation plus tôt que prévu.

Les étudiants reprochent aux Parents du Campus Ambiance de s'être rapprochés de la haute administration de l'université qu'ils combattent. Par ailleurs, Didier Bilé et son groupe utilisent des vigiles pour sécuriser leurs prestations. Pourtant, les étudiants trouvent en l'utilisation de ces vigiles qu'ils appellent loubards et qu'ils voient comme les bras séculiers du pouvoir, une approche insupportable. C'est une aberration de trop de les voir traverser la cité universitaire de Yopougon et se rendre à la rue du Zouglou, un lieu d'un symbole capital pour les étudiants et la direction de la FESCI. Malgré de nombreuses tentatives de réconciliation, la rupture s'avérera irréversible. Les Parents du Campus perdent ainsi leur marché traditionnel, celui des populations des cités universitaires.

Les Parents du Campus sont confrontés à un autre problème : la rupture qu'ils ont opérée d'avec Zougloubéhi. Joe Christy est maintenant à l'école de la gendarmerie. Mais, ceux avec lesquels il crée les premiers pas de Zouglou sont encore étudiants et en fin de cycle. Certains sont à la recherche d'un emploi. Ceux-ci s'opposent alors à la nouvelle approche insufflée au Zouglou. Car pour eux, associer le Zouglou à une quelconque lutte pourrait hypothéquer leur avenir dans le marché de l'emploi. D'où, à la sortie même de l'œuvre Gboglo Koffi, l'un d'entre eux, Bakary Ouédraogo alias Esprit, donne une interview à Fraternité Matin dans laquelle il met en avant leur approche : le Zouglou et l'alcool sont indissociables. A son retour en cité, les Parents du Campus organisent une rencontre avec lui. A l'issue de cette rencontre, il accepte la nouvelle approche du Zouglou et est intégré au groupe comme directeur artistique. Après cela, le manager des Parents du Campus Ambiance organise une interview de recadrage.

Cependant, la question du tiraillement entre Zougloubéhi et O tilé Zouglou continue. Certains menacent le manager du groupe et jurent qu'il sera vadi[30]. Ainsi, un jour, aux environs de 19 heures, alors qu'il venait d'une séance de travail avec l'Enfant Yodé, un artiste du Zouglou, communément appelé Yodé de Côcô, le manager des Parents du Campus Ambiance est pris à parti par un compagnon à Joe Christy. D'un geste rapide, ce dernier arrache les lunettes du manager. Averti, car ce n'était pas la première fois qu'il faisait face à une telle menace liée au combat contre le concept de Zougloubéhi, le manager prit son calme pour demander les raisons de cet agissement. Cependant, l'homme exige une bouteille de vin avant de s'expliquer. Il offrait ainsi sans le savoir, un moyen aisé de récupérer les lunettes qu'il tenait. S'il voulait du vin, il devait redonner les lunettes. Les lunettes remises et sécurisées, il n'obtiendra pas de vin. Cette fin du compte n'était pas celle qu'il escomptait. Il se mit alors en colère. De sa colère, un autre objectif est atteint. Il dira pourquoi il a arraché les lunettes. Le manager serait celui qui entraine le Zouglou vers la politique. Puisque la scène se passait dans un endroit fréquenté par de nombreux étudiants, il y eut des gens pour le calmer. L'endroit en question est un kiosque nommé « Chez Eugène ». Il est situé à l'entrée de la cité de Yop 2, derrière des tables où des femmes étalaient, jusqu'à un peu tard dans la soirée, divers produits essentiellement alimentaires.

Il est utile de s'attarder sur les séances de travail avec Yodé de Côcô. Cet artiste talentueux a permis au Zouglou

---

[30] Frappé

de se rapprocher subtilement d'Ernesto Djédjé, un artiste ivoirien précurseur d'un rythme musical appelé Ziglibiti. Il était question avec Yodé de Côcô de créer un morceau inspiré du génie d'Ernesto sans le reproduire bêtement. De cette manière, le Zouglou pouvait prendre une autre dimension et élargir son audience. Ici, le marché visé est adulte, car la jeunesse était déjà acquise. Il fallait choisir entre la musique et la méthode de chant d'Ernesto. La première maquette, avant que Yodé de Côcô ne travaille avec Kakou Honoré[31], a permis de choisir plutôt la méthode de chant. Le morceau « Aguissé » d'Ernesto a fait l'objet d'une étude approfondie. Ce travail a duré plusieurs mois. Il a permis de créer le morceau « Côcô », un morceau que le subconscient reconnaît et à la découverte duquel la conscience va.

Pour revenir aux antagonismes dont il est question plus haut, il faut dire qu'à l'intérieur même des Parents du Campus Ambiance, les velléités proches du Zougloubéhi refont surface. Cette contradiction et la perte de la FESCI comme partenaire tirent les Parents du Campus vers la chute. Enfin, les problèmes internes liés à la gestion des ressources du groupe le conduisent en justice. L'affaire est abandonnée, mais elle aboutit à son éclatement. Le 8 Février 1992, Marcel Seaka s'en retire et Moses Djinko en devient le nouveau manager. Les Parents du Campus Ambiance comptaient entre autres deux étudiantes. Celles-ci ne veulent plus en entendre parler. Moses Djinko, à sa prise de fonction tente de réconcilier les positions. Il n'y parvient pas. Le groupe finit par éclater.

[31] Musicien, producteur, arrangeur

Dès même le déclin des Parents du Campus Ambiance, ceux qui les premiers ont sorti le Zouglou des cités universitaires et qui l'ont porté à la face des Ivoiriens, le reprennent. En effet, les groupes Wôyô se l'approprient. En espace de quelques mois seulement, le marché ivoirien est inondé de ces groupes. Ils ne sont pas acquis nécessairement aux causes que défendent les étudiants. La vie estudiantine n'étant pas la leur, ils vont imprimer au Zouglou leurs propres préoccupations. Ainsi, le Zouglou prend une nouvelle dimension. La peinture de la vie des jeunes déprimés qui courent les rues, l'indifférence des riches face à la souffrance des démunis, l'épidémie du VIH-SIDA et les autres maladies sexuellement transmissibles sont au nombre des thèmes qu'il abrite désormais. Cependant, le tiraillement entre zougloubéhi et Zouglou version AIE persiste. L'affectionnément du mondain et la désinvolture avec laquelle la danse est née ne s'estompent pas. A cela, s'ajoutent les termes choquants et osés ainsi qu'une faiblesse criarde des textes des chansons proposées aux mélomanes. Ceci étant, la popularité du Zouglou baisse. C'est dans ce contexte qu'arrive une nouvelle danse. Il s'agit du Gninze Moule créé par un artiste nommé Ziké. A l'avènement du Gninze Moule, s'associent les sorties discographiques de Tangara Speed Goda, Kimoun de Ramsès, Ismaël Isaac, etc. Une pléiade d'artistes tous aussi bons les uns que les autres rivalisent sur le marché de la musique ivoirienne. Le Zouglou semble incapable de tenir la compétition qu'il subit. En plus, il est de plus en plus attaqué dans les média. Selon ses pourfendeurs, le Zouglou est tout sauf de la musique. D'ailleurs, on ira jusqu'à douter de son caractère philosophique et l'assimiler à une danse de débauchés.

La chute des ventes du Zouglou et les nombreuses attaques qu'il subit à côté des autres musiques suscitent un sursaut d'orgueil dans le milieu estudiantin. Les étudiants décident d'agir pour faire revivre leur mouvement. Ils créent une association de sensibilisation et de soutien aux artistes de leur dynamique. Cette association est initiée par la direction de la FESCI et ceux qui constituaient le staff managérial des Parents du Campus Ambiance avant la prise de fonction de Moses Djinko. Elle se nomme Association Culturelle pour la Promotion du Zouglou (ACPZ). Elle est née en Décembre 1992 au bar le Sable. La FESCI y participe avec deux membres de la section de la cité universitaire de Mermoz et deux de Yopougon. Ceux de Mermoz sont : Napoléon Yao et Apollos Dan Thé. A Yopougon, la FESCI engage deux membres de son bureau exécutif national. Il s'agit de Touré Moussa alias Zéguen et Guillet Mampo Gérard alias GMG. Quant à Martial Ahipeaud, il s'active pour avoir l'adhésion des média internationaux. La direction de l'ACPZ est confiée à Marcel Seaka qui engage à ses côtés Lacina Yéo (Premier manager du groupe Lacrymogène C5) comme secrétaire général et des membres du Club des Amis du Zouglou dont, Ernest Nganza, Azo Marcellin alias Az Bill et N'guessan Sébastien.

L'ACPZ a deux départements. L'un s'occupe des artistes qui naissent hors des campus et l'autre, des artistes universitaires. L'une des raisons fondamentales de la création d'une telle association est de recadrer le Zouglou pour qu'il se démarque effectivement de l'idée zougloubéhi. Il faut faire du Zouglou un mouvement d'éveil de conscience qui participe normalement aux mutations sociopolitiques en Côte d'Ivoire. Aussi, l'ACPZ doit aider à produire les artistes qui s'inscrivent dans cette dynamique. Les premiers artistes que l'ACPZ soutient sont du groupe Lacrymogène C5. Ce groupe est constitué d'étudiants, d'élèves et de personnes inscrites ni à l'école, ni à l'université et sans emploi. Les étudiants de ce groupe sont ceux qui remplacent les Parents du Campus Ambiance dans les cités de Yop 1 et Yop 2. Comme leurs prédécesseurs, ils animent les soirées estudiantines avec des tambours et des chants qui fustigent dans une ambiance de fêtard la gestion par abus. Mais le Lacrymogène C5 va au-delà des préoccupations habituelles. En plus de la vie estudiantine, il parle de la Côte d'Ivoire en général. Il parle des paysans, des femmes, des enfants et de toutes les tares qui minent la société ivoirienne. Il s'intéresse à l'Afrique et aux autres continents. Le Lacrymogène C5 élargit ainsi davantage le champ du Zouglou.

Le nom de ce groupe est simple à comprendre. Un matin, Az Bill comme Didier Bilé avant lui, sort son instrument et regroupe ses amis pour peindre les problèmes universitaires et les souffrances des populations africaines. Ils n'ont le temps que pour passer deux chansons quand ils entendent des explosions de bombes lacrymogènes. Ce signe dit que la police est encore là, à la chasse d'étudiants. Ils avortent leur prestation pour chercher refuge. Après la pluie des bombes lacrymogènes, le beau temps revient à la cité universitaire de Yopougon. Ce temps permet de réfléchir et d'être créatif. Ils peuvent cogiter et faire appeler leur groupe Lacrymogène C5 en mémoire à ce jour. Lacrymogène, est utilisé dans la dénomination du groupe pour exprimer leur espoir que le Zouglou sera entendu au-delà des frontières ivoiriennes plus fort que ces bombes qui pleuvent régulièrement sur les campus. Le chiffre 5 indique le nombre des membres créateurs du groupe. La lettre C fait allusion à l'idée de calibrage. Selon ses membres, chacun des créateurs du groupe confère un calibre à l'ensemble. En d'autres termes, le groupe est calibré par 5 fois.

Le lacrymogène Calibré par 5 fois est le groupe le plus engagé de son époque. Sa première œuvre est faite de 5 titres, dont Répression Lacry, Qui Va Trouver Solution et Intégration Africaine. Répression Lacry est une chanson qui fustige la gestion calamiteuse du multipartisme en Afrique et les risques de déflagration que pourrait causer la répression constante des revendications pourtant légitimes des opposants aux partis au pouvoir. Cette chanson prévient contre les risques de révolte et appelle les responsables politiques à la raison. Une partie de cette chanson était du répertoire du groupe. Il la chantait régulièrement à la cité de Yop1, mais elle était si courte qu'il fallait la rallonger pour éviter la répétition et partant, la monotonie. Les premières séances de travail à cet effet n'ont pas produit les résultats escomptés. C'est alors qu'une idée est venue d'une jeune fille nommée Anne-Marie Gbrato. Pendant les séances de travail, elle se rend compte que Répression Lacry est proche par son articulation d'une chanson du village Kokolopozo de la région de Sassandra en Côte d'Ivoire. Elle propose cette chanson tout en faisant en sorte que les paroles collent avec celles du groupe Lacrymogène C5. Son idée servira d'introduction à Répression Lacry. Elle se présente comme suit :

« Multipartisme yi lé ka, yi lé ka, yi lé (bis)
Je suis un journal de la place
Je veux parler aussi
Un journal de la place
Mon nom c'est Lacrymogène
Quand je fais boom, boom
On dit je parle beaucoup
Quand je fais boom, boom
On dit je fais du bruit
Les parents Waka, étudiants Waka
O Lacry Waka, étudiants Yop Waka »

Dans 'Qui Va Trouver Solution', le Lacrymogène C5 présente la dégradation progressive du système éducatif et la cherté désormais insupportable des effets scolaires. Il s'inquiète du chômage galopant et lance ce défi : Qui va trouver une solution adéquate au système éducatif et au chômage ?

'Intégration Africaine' est un appel à la libre circulation des hommes et des biens entre les pays africains et à la création d'un cadre qui facilite les échanges commerciaux interétatiques.

Cette œuvre rompt avec le Zougloubéhi. Elle épouse le sens voulu dans la révolution opérée par les Parents du Campus Ambiance et permet de reconquérir les cités universitaires. Après elle, les artistes qui suivent ne chantent plus sans avoir au moins un morceau engagé. Pour s'assurer que le Zouglou maintient son engagement, l'ACPZ organise des séances de travail avec les artistes, soit à la cité de Yopougon ou rend visite aux artistes eux-mêmes afin qu'ils comprennent la portée du mouvement.

Les artistes du Zouglou deviennent donc des critiques et des sensibilisateurs permanents de la société. Dans leur majorité, ils combattent l'autocratie, la corruption, la gabegie, le chômage et la pauvreté. Ils ne manquent pas de pointer du doigt les causes et les responsables de ces maux. Le Zouglou parle de la colonisation, du Sida, de la délinquance, de la prostitution et de tous les maux qui minent la société. Il dénonce la vie à la main tendue de nombreuses jeunes filles qui à longueur de journée se promènent dans les centres administratifs et commerciaux des villes à la recherche d'une générosité compromettante, à l'intérieur d'une prostitution qui ne dit pas son nom. 'Mange Mille', une chanson de l'artiste Alan Bill du groupe Esprit de Yop en parle éloquemment. La satire du Zouglou n'épargne pas les hommes et les femmes corrompus pour échapper aux réalités de leur misère. L'insalubrité tant décriée dans les villes et les campagnes en Afrique est au nombre des préoccupations de la musique née chez les universitaires ivoiriens des années 1990. Sans détour, le groupe musical estudiantin Les Salopards la dénonce dans 'Monsieur Le Maire', cette chanson qui parle de promesses électorales non tenues : « Votez pour moi, mes chers amis, votez pour moi. Je changerai la commune à coups de bâtons magiques... Quand ils sont votés, on n'entend plus rien de tout ça ».

Le zouglou est indéniablement une déclaration contre les tares sociales. Il s'oppose à la dictature et au fascisme étatique qui se fixe comme une punaise à l'idée de globalisation. Il prône une société où les peuples sont libres de choisir la voie qu'ils jugent convenable à leurs aspirations. Ce choix se manifeste à travers l'adoption d'un nouveau langage et la volonté d'aller à la découverte de soi. Le langage zouglou est assuré et exige la traduction fidèle de la pensée. Cette exigence s'exprime dans le terme 'directisme'. Il s'agit d'un néologisme qui dicte le langage direct et sans détour dans le Zouglou.

Dès la naissance de leur mouvement, les artistes du Zouglou jettent à la face du pouvoir ivoirien le jugement que la jeunesse lui porte. Il s'est donc senti obligé de s'en rapprocher. Ainsi, en Février 1992, un ministre ivoirien, Alassane Ndiaye se présente à une émission télévisée. Il n'y est question que de Zouglou. Pendant de longues heures, des artistes défilent dans des coiffures, des tenues vestimentaires, des démarches et des bijoux inspirés par le mouvement.

Le ministre Alassane Ndiaye fait alors son entrée sur scène, vêtu comme un adepte du Zouglou. Il saisit le microphone mis à sa disposition. Les termes qu'il emploie pendant son discours sont empruntés du Zouglou. C'est la première fois en Côte d'Ivoire que l'on voit un responsable politique issu du pouvoir s'exprimer dans les termes d'un mouvement fondamentalement opposé à sa gestion des affaires publiques : « On va libérer le Zouglou », promet le ministre à une jeunesse qui aspire au changement. A cette même émission, sont présents des membres du bureau exécutif de la FESCI. Une bonne partie de ses membres quittera la Côte d'Ivoire entre 1994 et 1995.

Quel que soit ce que l'on pourrait penser des motivations du ministre à s'exprimer dans un langage propre à ce mouvement, libérer le Zouglou au sens propre du terme ne peut être qu'une idée bien venue. Car il s'agit indéniablement d'un moyen objectif de faire entendre sa voix et d'une approche pour appréhender la complexité de son vécu. Les Parents du Campus Ambiance, Didier Bilé, Esprit de Yop, Les Potes de la Rue, Lacrymogène C5, Les Salopards, Soum Bill, Yodé et Siro (YES), Petit Denis, Espoir 2000, Magic Système, Fitini, Molière et Samy Succès pour ne citer qu'eux, sont des artistes qui offrent une preuve palpable de cette vérité à travers leurs ouvrages. De plus, ils sont engagés dans l'éducation, l'information et l'éveil des consciences. Artistes du Zouglou, ils sont auteurs d'œuvres en accord avec les aspirations et les causes du mouvement.

Les chapitres qui suivent présentent avec plus de détails les causes et les aspirations dont il est question, à travers la vie sur une planète peuplée de sociétés dont l'existence ne s'éloigne pas dans ses principes de la nôtre. Il s'agit de la planète Kwizon.

# Chapitre 3

## MEPRIS ET SUGGESTION DE LA PEUR

Sur la planète Kwizon, vivent les Krassiens et les Nigloyens. Ils appartiennent respectivement aux continents Tchegbélon et Fidougou qui abritent les Tchegbéloniens et les Fidenis.

Les Krassiens sont de la Krass, un pays riche et dont la richesse repose en majeur partie sur ses activités impérialistes. Les Nigloyens sont de la Nigloye, un territoire administratif qui est une émanation de la colonisation et de l'impérialisme krassiens. La Nigloye est un pays pauvre et suffisamment représentatif de la misère que vivent les pays démunis de cette planète. Les habitants du territoire nigloyen croient que leur pauvreté est simplement due à une crise économique. Cependant, la Nigloye est plus en crise morale qu'elle l'est économiquement.

Les populations qui composent la société nigloyenne sont issues de systèmes politiques et administratifs différents. Les normes sociales dont elles disposaient avant l'émergence de l'ordre colonial étaient les unes à l'antipode des autres. Elles n'avaient pas la même appréhension de l'exercice et de l'acceptation du pouvoir, du droit et du devoir. Par exemple, il existait dans ce pays un peuple dont les entités étaient administrées au biais du principe de la dispersion de l'autorité politique. Sa société était respectueuse de l'autonomie des sous-groupes qui existaient en son sein. Dans le système que pratiquait ce peuple, il ne s'exerçait aucune autorité sur l'ensemble de la nation. A la tête de ses différentes entités communautaires, il était possible de trouver un chef, une direction collégiale ou un conseil généralement pourvu de personnes âgées. Quelle qu'en soit la forme, l'autonomie du sous-groupe était totalement maintenue. Par contre, il y avait un autre peuple qui lui était gouverné par une structure monarchique. Le pouvoir ici était concentré aux mains de la monarchie. Alors que la base territoriale n'était pas clairement définie chez certains, elle l'était pour la structure qui gouvernait au biais de la monarchie.

La délimitation de ce territoire n'a pas pris en compte ces divergences sociétales. Tous ces peuples ont été forcés sans aucune forme de procédure à se regrouper à l'intérieur d'un même Etat. Ni les potentiels habitants du nouvel Etat, ni de manière pratique les dirigeants des entités qui devaient le composer n'ont été appelés à une concertation. En plus, comme les deux Allemagnes le furent par le Mur de Berlin, toutes les composantes de cet Etat ont été séparées les unes et les autres à l'aide de tracés arbitraires d'une bonne partie de leurs congénères pour devenir des tribus ou de petites entités ethniques. Par exemple, l'on parle d'ethnies de territoires voisins et de ceux de notre colonie la Nigloye, qui dans le fond appartiennent au même groupe culturel, linguistique et religieux. Ils formaient une nation avant d'être séparés. Ils ont été forcés à cette séparation et installés de manière émiettée sur plusieurs territoires administratifs eux-mêmes rapetissés et distincts structurellement.

Au sein de ces nations disloquées, ceux des dirigeants qui s'opposaient au nouvel ordre étaient simplement exécutés ou assassinés et tous ceux qui les suivaient subissaient le même sort. En un mot, cette colonie est la conséquence d'un regroupement dans le mépris total des règles et des valeurs sociales des entités qui la composent. L'ordre économique, social, culturel et politique y est essentiellement dérivé de règles et de valeurs suggérées et imposées par l'activité impérialiste de la Krass.

L'œuvre de création de cet Etat étant sanctionnée d'exclusive, elle est susceptible de confusion. Elle le dispose à devenir un nid de conflits latents alimentés par une frustration permanente. La frustration vécue dans la colonie vient du caractère coercitif de l'œuvre de regroupement territorial. Quand à cela s'ajoute l'application pareillement contraignante de règles et de valeurs qui ne reflètent en rien l'esprit d'aucune des entités regroupées, la frustration se meut en une confusion mentale. Ceci parce qu'il faut aux habitants de ce nouvel Etat rechercher les ressources qui permettent une adaptation sans délai au contexte nouveau et simultanément se dissocier de leur vérité existentielle et traditionnelle.

Pour subjuguer les populations qui devaient constituer sa colonie, le colonisateur entrait d'abord sur leur territoire au biais d'excuses commerciales, religieuses et toute autre excuse qui pouvait dissimuler ses réelles intentions. Il mettait ensuite les populations en confiance tandis qu'il s'assurait d'un envahissement progressif du territoire. Une fois rassuré qu'il avait suffisamment infiltré les points et les centres névralgiques des peuples qui l'accueillaient, il déclenchait contre eux une attaque éclatée.

La stratégie d'envahissement par tous les moyens donne au colonisateur un avantage sur les autres. Car même l'armée la plus puissante de la planète pourrait être sévèrement interdite devant une guerre qui lui est imposée de l'intérieur. Elle serait confrontée à la nécessité de protéger les femmes, les enfants, les vieillards et certainement des acquis. Par exemple, il serait inconcevable de lancer un instrument de destruction massif sur son propre territoire pour en déloger un ennemi. Mais pour l'armée qui envahit, il n'y a de souci que la guerre avec moins d'égard pour les populations. Le colonisateur est donc plus libre psychologiquement que les autres peuples qu'il envahit. Alors qu'ils sont handicapés par la nécessité de protéger leur population, il peut faire autant de dégâts qu'il le juge nécessaire sur leur territoire. Il peut détruire, et cela, sans remords comme il le fit d'ailleurs un jour à Lenon, un village dirigé par un vieillard du nom de Zimbo.

Ce jour, le soleil semble refuser de venir à cet endroit où l'on a l'habitude de le voir pointer, de juger de sa lueur et de s'adonner à des exercices météorologiques. Comme par complicité, les nuages qui servent de support à la lecture du temps se sont assombris comme s'ils voulaient prolonger la nuit. Le vent ne souffle d'aucun poinçon. Les plantes se tiennent d'un côté courbées et demeurent ainsi sans mouvement. Les vagues de la mer se jettent avec tiédeur sur les rives où les oiseaux paraissent interdits de s'aventurer.

Tout est si calme que le vieux Zimbo s'inquiète. Il se souvient alors que la seule et dernière fois qu'il a été témoin d'une telle absence de vie tout autour, son grand-père devait entamer un sommeil infini. Ce jour n'a laissé de trace dans la mémoire du vieillard que sa lourdeur. Ses souvenirs sont nourris par la tristesse qui colonise tout, tandis que son inquiétude le presse d'aller vite.

Zimbo, aujourd'hui chef du village de Lenon, administre cent personnes, la plupart des femmes et des enfants. Lenon et la mer se regardent comme deux amants inséparables dans un mariage parfait où chacun apporte ce qu'il a de meilleur à l'autre. De la mer, ses habitants tirent l'essentiel de leur pain et de leur loisir. En retour, le tronçon de sa rive qui caresse Lenon est particulièrement soigné. Cette ambiance aux allures romantiques au centre de la vie du village paraît elle-même menacée par le mystère que cache la mort du mouvement en tout ce qui vit.

Comme pour interroger la mer, Zimbo marche jusqu'à sa rive où devaient venir s'abattre les vagues. Il scrute l'horizon du regard puis aperçoit à sa limite deux navires encore trop éloignés pour être clairement distingués. Il reste immobile quelques instants. Il scrute davantage l'horizon. Ce qu'il voit par la suite lui permet de comprendre les signes du jour.

Sur le quai d'un des navires, deux hommes apparaissent à Zimbo. Il les reconnaît. « Ô Dieu de notre salut ! » S'inquiéta le vieillard. « Pourquoi laisses-tu la terreur naviguer nos eaux ? » Ainsi implora t-il les cieux. Cependant, voyant la terreur approcher allégrement, Zimbo décide de rebrousser chemin pour ne pas s'en faire prendre. Alors qu'il se retourne pour repartir, il croise des yeux le regard d'un de ses notables qui comme lui a senti venir le malheur dans la froideur de toutes les matières animées. « Vas, dépêche-toi ! Fais annoncer ce que nous venons de voir qui arrive ! » Fit Zimbo à ce notable. La nouvelle alla tel un éclair d'un bout à l'autre du village et l'on chercha à protéger les femmes et les enfants.

L'un des navires qui pointent des entrailles de l'horizon se nomme Fracassus. Le second est appelé Pourtuet. Fracassus est sous les commandes du capitaine Décapitus dont l'acolyte Barbarus contrôle Pourtuet. Depuis les navires qui avancent, ces hommes peuvent voir à l'aide de leur jumelle toutes les activités de Lenon. A la vue de ses habitants qui courent dans tous les sens, Barbarus ouvre un carnet puis écrit : « Les sauvages n'ayant jamais quitté cet endroit, il est possible qu'ils n'aient jamais vu d'homme. Ils semblent emparés du Diable. Nous avons donc le privilège d'être les premiers à être vus en cet endroit. »

A son tour, Décapitus observe que « les indigènes sont simplement primitifs. Ils courent dès qu'ils nous aperçoivent pour la première fois. Il nous a été dit que la nature a horreur de ce qui lui est inconnu. Aujourd'hui, nous en avons la preuve palpable, car nous le voyons. En plus, ils sont pratiquement nus, très proches des animaux qui les entourent ». Décapitus et Barbarus font ainsi étalage de leur ignorance des autres.

Les habitants de Lenon connaissent l'espèce qui navigue leurs eaux. C'est une espèce qu'ils savent attachée aux choses matérielles. Pendant que les autres sociétés humaines recherchaient l'harmonie avec la nature et tentaient de dompter les sciences tout en s'intéressant au monde spirituel, cette espèce humaine ne s'intéressait qu'à la guerre pour s'enrichir matériellement. C'est une espèce d'une violence inouïe. C'est d'ailleurs pourquoi les habitants de Lenon sont si agités. Sur de nombreuses grottes dans leur région, des peintures laissées par leurs ancêtres présentent dans une clarté inégalable l'espèce particulière que les deux marins croient être. Les plus récentes de ces peintures lui collent l'image d'un vautour.

Mais il est tard maintenant. Fracassus et Pourtuet accostent au large de Lenon. Les capitaines Décapitus et Barbarus en débarquent les derniers. Ils sont devancés par une vingtaine de soldats qui agitent des bouts de tissus blancs comme symbole de paix et d'amitié. Les responsables de Lenon s'efforcent de ne pas sacrifier l'hospitalité au doute. Ils les laissent entrer dans le village malgré la méfiance à leur égard. Ils les accueillent en leur offrant à boire. Les visiteurs acceptent sans hésiter l'eau et les diverses boissons que Lenon présente. De cette manière, Décapitus, Barbarus et leurs hommes tentent de mettre leurs hôtes en confiance. A cette fin d'ailleurs, Décapitus sort de son sac un objet. Il le laisse à un notable. Mais aussitôt, il montre du doigt l'or que ce notable tient au bout de sa canne. En réponse à ce geste, les responsables de Lenon se regardent, car la canne du notable est une relique ancestrale. Décapitus consomme malgré lui le refus.

Le jour fait très vite place à la nuit. Pour les habitants de Lenon, le temps passe aussi vite que le tir d'un archer.

Les visiteurs souhaitèrent passer la nuit sur leur navire. Ils se séparèrent de leurs hôtes et tout redevint calme.

Un peu plus tard dans la nuit, l'on entendit les cris d'une femme : « Au feu ! Au feu ! ». A ce hurlement se mêlèrent des coups de fusil et la voix s'éteignit. Une autre demeure sembla prendre feu. Des cris comme les précédents se firent entendre. Des coups de feu les étouffèrent. Un troisième hurlement vint indiquer un autre incendie et tout le village était en proie au feu, aux cris et à la détresse. Lenon était encerclé. Personne ne put en sortir et tous ses habitants périrent cette nuit à l'exception du notable qui tenait la cane couronnée d'or. Il devait être séquestré plus tard pour dire et montrer sa provenance.

En fait, Barbarus et Décapitus avaient débarqué de leur navire avec une vingtaine de soldats en tenue civile. Ils firent croire aux habitants de Lenon qu'ils venaient vendre diverses marchandises dans leur région. Ils leur présentèrent quelques articles et prétextant d'être fatigués à cause du voyage, ils demandèrent à leurs hôtes de les laisser se retirer pour se reposer dans leurs navires. Au vu de l'état qu'ils présentaient et rassurer par les arguments de ces hommes, Lenon accepta d'attendre le lendemain de leur arrivée pour voir débarquer le reste des marchandises. Cependant, en lieu et place des attentes de ce village, les prétendus marchands avaient laissé derrière eux deux navires forts de trois cents soldats qui engagèrent une guerre à l'improviste contre Lenon.

La fin en sa faveur des envahissements par la perfidie n'a point altéré l'élan de destruction du colonisateur. Il lui fallait établir un ordre administratif et politique par une autre forme de violence : la violence politique. Elle prend le pas sur les attaques armées. Elle n'accorde aucun crédit à la dignité des survivants. Le lot qui l'accompagne est constitué de l'attribution d'étiquettes méprisables aux autres, l'ingérence dans leur vie et leur relation internes, l'intimidation, des emprisonnements abusifs, de pendaisons, d'exécutions sommaires, de génocides, de camps de concentration, d'enterrements vifs et dans des fausses communes, de torture de toute sorte et de déportation dans l'inconnu.

Entre la création de l'épouvantable et le déploiement de pulsions bestiales, il n'y a que la technologie utilisée qui permet de reconnaître l'Homme. Car les envahissements des autres territoires finissent toujours par s'accommoder d'instincts lubriques.

Ainsi cette nuit où Lenon devait périr, les hommes de Barbarus arrivèrent dans une demeure où ils surprirent cachés des femmes et leurs enfants. Les jeunes garçons furent séparés des autres pour être conduits dans une autre des pièces de la demeure. Les hommes de Barbarus les ligotèrent, bandèrent leur bouche puis arrosèrent la pièce d'un liquide inflammable. L'un d'entre eux alluma un cigare, en tira une bouffée puis le balança dans la pièce qui se remplit aussitôt de flammes.

Ils vinrent ensuite prendre les femmes et les fillettes qui agonisaient devant la montée de l'incendie. Les hommes de Barbarus crurent utile de les menacer avec les armes qu'ils tenaient. Elles les regardèrent dans une angoisse étourdissante et ne sentir que le craquement des particules de bois ; les cris des enfants ayant été étouffés. Elles obéirent aux suggestions de la peur, tandis qu'ils se ravalèrent à la plus basse animalité, expression paradoxale d'un sentiment de supériorité qu'ils ont vis-à-vis de leurs victimes.

## Chapitre 4
DISSOCIATION ET SUGGESTIBILITE

Le colonisateur sur cette planète éprouve vis-à-vis des colonisés un sentiment de supériorité qui émane d'une confusion intérieure quant aux causes immédiates et au sens qu'il confère à sa présence en société. Cette confusion est héritée de ses ancêtres qui après avoir découvert qui ils sont, d'où ils viennent et comment ils sont arrivés en société ont décidé de refouler la vérité que présente leur découverte. Ils se sont ainsi engouffrés dans un amalgame confusionnel qu'ils ont transmis à leurs descendants.

Le sentiment de supériorité de ce colonisateur est donc la résultante de pratiques qui permettent de se prévaloir d'une autre identité, de supprimer la vérité sur son avènement en tant qu'être et de se convaincre de son contraire. Ces pratiques ont engendré chez lui un état confusionnel dans lequel il n'est pas ce qu'il croit être.

La confusion que le colonisateur vit et le sentiment de supériorité qui résulte du refoulement dont il a hérité s'associent pour inspirer la brutalité comme à Lenon. Ils suscitent la terreur et font vivre un quotidien animé d'actes horribles sur son père, sa mère, son frère, sa sœur, sa famille, un ami, son quartier, son village, une ville, une région ou sur toute l'étendue du territoire. Ils distribuent à leur passage un autre état confusionnel, cette fois-ci chez les autres. Il s'agit d'un état constitué essentiellement d'un traumatisme alimenté par la crainte constante d'être violenté, mais aussi et logiquement celle d'être abandonné par le colonisateur.

Les colonisés éprouvent cette crainte d'être brutalisés parce qu'il réside encore sur leur territoire l'armée qui autrefois y avait organisé des tueries systématiques de masse et qui y procède aujourd'hui à des tueries ciblées. Leur crainte est aussi nourrie par le comportement bestial des soldats qui animent cette armée et qui sont commis à la tâche de donner satisfaction à l'idée de supériorité du colonisateur.

Quant à l'esprit abandonnique, il est entretenu par une mystification constante autour des mécanismes de fonctionnement du nouveau système économique, financier et culturel auquel les colonisés ont été conduits. Pour perpétuer ce système, le colonisateur provoque chez les autres un envahissement de leur conscience au point où celle-ci ne peut plus supporter pour être digne de détermination rigoureuse. Il fait vivre et s'intensifier dans leur esprit cette idée qu'il est possible qu'il les violente à tout moment. Il résulte de la perception imaginaire ou réelle de violences et de brimades potentielles, un malaise auquel les colonisés voudront échapper. Ils tenteront alors de se dissocier de l'objet de leur peur. Mais cet objet les suit comme un chasseur qui traque sa proie. Car le colonisateur s'assure d'être présent non seulement sur leur territoire, mais aussi directement ou indirectement partout où il est question d'eux ou de leurs intérêts. Les colonisés ne pourront donc pas s'en dissocier. Ils choisiront plutôt d'utiliser les ressources secrètes en eux-mêmes pour se dissocier de ce qui fait l'essence de leur société par un procédé complexe et destructif.

La dissociation ici prend la forme d'un procédé mental à l'issue duquel les pensées, les souvenirs, les sentiments, les actions et le sens d'identité se déconnectent les uns des autres. Par exemple, leurs actions politiques et économiques ne suivent pas logiquement leurs pensées et leurs aspirations les plus profondes. Leurs souvenirs sont représentés dans la satisfaction des circonstances déterminées par la colonisation. Leurs croyances reposent sur un amalgame entre Dieu, religion, esprit, prophète, culte et tradition. Ils s'efforcent d'appliquer à leur société des idéologies qui ne sont liées en rien à leur expérience de la vie. Ils se targuent de modèles de société incompatibles à leur réalité existentielle. D'ailleurs, certains refusent ce qu'ils sont et les autres croient être ce qu'ils ne sont pas. Ceux-là vivent une crise identitaire qui diffère de celle du colonisateur par son origine.

En fait, le procédé de dissociation qui permet de fuir l'objet de la peur aboutit à une confusion intérieure et par ricochet, à une crise morale. La profondeur de cette crise dépend du sujet qui la vit. Mais au plan collectif, la manière dont la confusion est distribuée compte peu. Leur société en est inexorablement tirée vers les bas-fonds de la dissociation.

Pourtant, il y a ici deux sociétés : celle dont les populations sont traumatisées et l'autre colonisatrice prompte à tirer avantage du traumatisme si elle n'en est pas génératrice. Cette dernière s'emploiera à pousser la première dans une plus grande dissociation. Elle lui inspirera des idées qui la détachent davantage de sa réalité existentielle dans un mécanisme qui permet de profiter de l'état du stress post ou traumatique suscité par la violence. Elle capitalisera sur ce contexte d'extrême émotion où la vigilance de la conscience est altérée. Autrement dit, elle s'emploiera à pousser la première dans une plus grande dissociation par le biais de la suggestion. Car dans leur tentative de se dissocier de la réalité de leur existence, un nombre significatif d'individus de toutes les couches sociales devient au fil du temps, non seulement susceptible à la suggestion quant aux expériences consécutives à la violence, mais en plus, beaucoup plus susceptible d'accepter et de croire ce qui lui est donné.

Le colonisateur va donc susciter des hommes et des femmes dont les seules tâches seront de travestir continuellement les causes réelles de la crise que vivent les colonisés. Ces hommes et ces femmes, à l'expertise vantée par le colonisateur, s'emploieront à produire des analyses de la crise, avec pour objectif de détourner l'attention des raisons profondes du chaos qui ravage le territoire colonisé. Cette expertise suscitée rapportera les événements vécus tout en les débitant d'une bonne portion de vérité. Elle examinera le convoyage des terreurs de tout genre sous un angle qui dissimule le convoyeur. Elle présentera les envahissements armés comme des œuvres philanthropiques. Les guerres engagées par leur employeur contre aucune provocation trouveront une justification anoblie sous le verbe et la plume de ces hommes et femmes 'experts'. Leurs récits résumeront les expéditions punitives contre les gouvernants des colonisés telles que de banales expéditions pour tuer l'orgueil de l'autre.

D'ailleurs, ces hommes et femmes suscités par le colonisateur activeront des mouvements, y compris des rébellions et des mouvements terroristes pour entretenir l'épouvantable. Ils s'attaqueront aux connaissances déjà acquises et les forceront hors de la mémoire pour vider la conscience de son essence. Ils s'atteleront à vilipender les us et coutumes, ainsi que les dispositions constitutionnelles et institutionnelles dans le but de faire douter de leur justesse et suggérer une nouvelle façon de penser, de voir, de gouverner et de vivre. Toutes ces suggestions serviront de refuge aux colonisés puisqu'elles leur permettent d'échapper à la situation de violence pratique. Dans ce refuge, ils sacrifient leur raison et leur volonté, et s'abreuvent dans l'amertume aux contradictions véhiculées par le colonisateur.

Par ailleurs, après le sacrifice de leur raison et de leur volonté, les colonisés acquièrent une mentalité corruptible. En effet, le sacrifice de la raison entraine le renoncement à leur pouvoir ou leur faculté de juger d'eux-mêmes de la teneur du réel, du bien face au mal et du vrai face au faux. Quant au sacrifice de la volonté, il gène la faculté de déterminer leurs actions en fonction de leur propre représentation du vécu. En outre, ce sacrifice entraine l'ensommeillement de la force créatrice en l'individu et de l'énergie qui lui permet de décider et d'agir en connaissance de cause.

En somme, la mentalité corruptible acquise à l'issue du procédé de dissociation leur fait perdre le contrôle total de leur société et les abonne à la suggestibilité. A son tour, la suggestibilité les conditionne de sorte qu'ils sont influençables sans grande peine. Elle les dispose à l'obéissance sans discussion aux suggestions et aux ordres qu'ils reçoivent. Autrement dit, le procédé de dissociation entrepris pour fuir la violence pratique aboutit à la corruption de leur peuple et de ses entités.

La suggestibilité ici n'est pas uniquement le fait de la corruption obtenue au bout de la dissociation. Elle a d'autres origines qui sont la naïveté et la crédulité. Celles-ci se manifestent dans toutes les sociétés humaines par l'engagement pratiquement ingénu de certains individus en tout, dans la confiance et sans la moindre crainte d'être trompés. Pourtant, les populations du territoire colonisé dont il est question ici, ont été transportées sans raison ni volonté, mais au biais de circonstances déterminantes dans une culture, un mode de vie, avec ses règles et ses valeurs desquelles elles n'ont aucune expérience. Elles devront toutes vivre leur engagement en comptant sur le colonisateur. Cette approche raffermit le caractère suggestible déjà suscité par la violence à l'intérieur de la colonie.

La suggestibilité que vivent les colonisés est donc assimilable à une défense contre la réalité, une sorte de refuge voire une névrose derrière laquelle se cachent l'inexpérience, les lacunes, l'ignorance et la peur. Elle conditionne le pouvoir du territoire colonisé qui lui se met dans la peau de l'autorité coloniale. De même, elle conditionne l'opposition qui à son tour se met dans la peau de ceux qui historiquement chez le colonisateur s'opposent à l'idéologie dominante.

Chez le colonisateur, au moment de son contrôle total des autres, il existe deux formes d'idéologies dominantes. La première, celle à laquelle ses classes dirigeantes adhérent, est un fascisme dans les relations internationales. Ce fascisme s'exprime par la violence perpétrée sur les territoires étrangers, l'exaltation de la métropole et le corporatisme. Par la violence, la métropole entreprend de pacifier sa sphère de domination. Son exaltation sert à mystifier les sujets colonisés. Le corporatisme fait naître dans la colonie des entreprises et des institutions responsables devant ses pouvoirs publics. Ces trois expressions du fascisme dans l'entreprise coloniale ont pour objectif d'accumuler abondamment de biens qui permettent la domination des autres et le maintien de l'apparence supérieure héritée de ses ancêtres.

L'esprit abandonnique et la peur d'être brutalisés à nouveau conduisent les dirigeants de la colonie à maintenir le lien corporatiste avec la métropole en le présentant à leur peuple comme émanant de relations cordiales et amicales. A l'intérieur, le gouvernement prône les regroupements corporatifs à travers les institutions d'Etat et la société civile. Suggestible, il se sert de la répression par l'armée comme l'autorité coloniale avant lui et s'adonne à sa propre exaltation.

Dans la politique de la métropole sur ses colonies, la richesse appartenait à ses représentants qui avaient la responsabilité d'étendre son administration sur les autres peuples. De la même manière, la richesse appartient aux nouveaux dirigeants qu'elle a suscités.

La seconde idéologie, celle qui combat la classe dirigeante chez le colonisateur ne s'oppose pas au fascisme dans les relations internationales de manière fondamentale. Elle s'oppose plutôt à ses effets pervers dans les relations entre la bourgeoisie et les travailleurs de sa société. Elle craint que l'accumulation exagérée de capitaux et l'embrigadement des ressources humaines, technologiques et financières par la classe bourgeoise ne servent à étouffer celle des travailleurs au sein de la métropole.

Conditionnés par les circonstances déterminantes susmentionnées, les opposants aux nouveaux dirigeants des colonies prônent à leur tour la lutte des classes contre le pouvoir dans les termes et les perspectives de l'opposition chez le colonisateur. Pourtant, dans ce pays, si les dirigeants sont devenus riches, ils ne sont pas détenteurs des moyens de production. Leur richesse émane du passé colonial et surtout des privilèges à eux donnés par la métropole contre leur capacité à préserver ses intérêts dans leur pays. Cette richesse est facilitée par le corporatisme qui converge tous les biens du pays en un même point. De fait, la colonie pratique une politique de centralisation contrôlée par le pouvoir public colonial à travers des superstructures économique, monétaire et financière conçues à cet effet.

Enfin, la richesse des nouveaux dirigeants tient à la mentalité coloniale adoptée. Puisque sous la direction coloniale, le peuple était pauvre alors que les représentants du colonisateur étaient riches, le peuple demeure pauvre sous une direction suggestionnée par le colonisateur.

La suggestibilité comme fondement de la gestion du peuple n'a connu aucune opposition réelle dans cette colonie et n'a pas été du tout affectée dans le temps. Conséquemment, la pauvreté y devient misère. Cette misère est la conséquence de la corruptibilité des mentalités. Car les mentalités étant corruptibles, elles deviennent le cadre propice à la subversion. D'où les institutions, les normes et les valeurs déjà inadaptées subissent un énorme chamboulement à la faveur des personnes les plus faciles à suggestionner et contre l'intérêt de la masse. La faveur accordée aux uns et non à tous est forcément de type discriminatoire. Elle fait une petite poignée de riches et du reste de la population, un nombre incommensurable de pauvres.

Le fossé numérique entre les riches et les pauvres dans cette société ne lui est pas singulier. Il est visible au plan international entre les Etats eux-mêmes. En effet, il cohabite sur la planète observée quelques pays extrêmement riches, avec les autres dont la misère frise l'inexistence. Dans ce monde, les riches justifient difficilement leur richesse et les pauvres deviennent corrompus pour survivre ou ils sont rendus passifs.

L'incapacité chez une personne ou un peuple de justifier ses richesses ne peut échapper à une crise morale. La corruption et la passivité non plus, car il a toujours existé une relation de causalité entre la crise morale liée aux richesses injustifiables et celle liée à la passivité et la corruption.

De tout temps sur cette planète, les riches tentent de corrompre les pauvres pour créer un environnement de calme social où il leur est facile d'accroître leur richesse et d'asseoir leur hégémonie. Ceux des pauvres qui ne résistent pas à la corruption rentrent immédiatement en crise morale. Ceux qui y résistent sont rendus passifs.

Pour obtenir la passivité chez les autres, les riches manipulent les appareils d'Etat, les gouvernements, les infrastructures et les superstructures locales. Ils utilisent les impositions abusives sur les biens et les productions des résistants, la marginalisation, l'emprisonnement, la discrimination, l'exclusion sur les produits et les travailleurs, la violence militaire, l'instrumentalisation des forces de l'ordre et de toute forme de violence qui normalement devait être affectée et employée à la protection des populations et des territoires. Là où ils en ont les capacités, les institutions créées sur cette planète et en général suscitées par les riches sont mises à contribution dans la corruption des populations.

Les médias eux-mêmes corrompus, contrôlés par les riches et propriétés des mêmes, renforcent et imposent l'image de ces derniers aux consciences. Ils embellissent leurs crimes, mystifient les populations et contribuent à engendrer et à entretenir un effet de peur en projetant les images terrorisantes des armées, des mercenaires, des supplétifs et des milices armés aux ordres de leurs maîtres.

Les riches terrorisent et servent aux populations une suggestion de l'épouvantable partout sur la planète. La peur qui résulte de leurs activités a pour conséquence la passivité, un état de paix sans paix, une crise morale.

La crise morale généralisée dans cette société est une cause inévitable de la pauvreté et de la misère. Ses ressources, qu'elles soient humaines ou matérielles, sont paralysées, mal gérées, mal exploitées ou mal distribuées devant des populations toutes en crise. Cette situation a tant et si bien duré dans ce monde qu'elle approfondit la crise morale et dégrade davantage les mentalités.

Les populations qui à l'intérieur de ces circonstances n'ont vécu que pour voir la corruption, la passivité ou des richesses injustifiées sont devenues torpides, d'autant plus qu'elles sont conditionnées par la peur. Cette peur, cause de passivité est recherchée et entretenue pour faire permanemment état d'autorité face aux autres afin de les bombarder aisément de suggestions. Ainsi, la suggestion s'incruste brutalement dans la conscience. Elle se présente concrètement sous la forme d'idées, d'analyses, de concepts ou d'images qui se mêlent aux pensées et qui, à la longue, influencent tout ce qui fonctionne chez les autres comme générateur de personnalité.

Lorsque la suggestion franchit les portes de leur conscience, les autres peuvent être conduits à participer à leur propre exploitation. Ils se trouvent exactement là où se trouverait un sujet hypnotisé. L'aboutissement à un tel objectif a le triple effet pour celui qui y travaille d'échapper à la conscience, de ne pas se soumettre au jugement d'autrui et de permettre la destruction des outils de défense intérieure des colonisés. Il peut même passer pour un ami devant ceux qu'il exploite et ces derniers, dans leur état d'hypnotisés, vont vivre une sensation de sécurité intérieure en sa présence.

Cependant, aucune exploitation par la perfidie n'est éternelle. Suggestionnés ou pas, la misère des colonisés finit par leur être perceptible. Ils gardent le sens et l'instinct de survie naturelle propres à tout être. Ils sont donc capables de se faire une représentation de l'infimité de leurs biens. Quand ils les perdent, ils sont susceptibles de s'en rendre compte, puisque nul ne peut cacher le vide. L'incapacité de donner ou d'acquérir sur le marché, la rareté des moyens d'échange, la dureté des labeurs et leur longueur, la perte d'un être cher à soi, la mort banalisée, le caractère précaire de l'habitat, l'inaccessibilité contextuelle à l'eau et la déflagration par la faim et les maladies ne peuvent pas se cacher quand ce sont eux-mêmes qui les vivent. Ils tenteront forcément de rechercher les moyens de s'en sortir.

## Chapitre 5

ZOUGLOU ET MOYISME

Malgré les efforts déployés pour leur faire vivre un état de paix sans paix, les sociétés installées sous le joug de la suggestion finissent toujours par comprendre et sortir de leur sommeil. Il en est de même pour les habitants de notre colonie dont certains ont décidé de travailler pour leur société à la protection des mentalités qui ne sont pas encore en crise et à transformer celles qui le sont déjà. Ils ont convenu que ne pas le faire les conduirait inéluctablement vers une société corrompue, passive ou aux richesses injustifiables par elle-même. Ce type de société n'est d'aucun mérite.

Pour protéger et transformer les mentalités dans leur société, ils ont visité la planète Terre afin de s'instruire de la vie de ses habitants et voir si l'expérience des autres pouvait leur être utile. Pendant leur séjour terrestre, ils font la découverte du Zouglou.

Le Zouglou est un mouvement qui tient pour vérité que « commencer à peindre sa misère, c'est commencer à lui trouver une solution ». Il répond aussi à la forme que la peinture préconisée doit prendre afin d'aboutir à l'effet escompté, ici les conduire hors de l'état d'extrême pauvreté, de faiblesse et d'impuissance dans lequel baignent de nombreuses populations humaines. Cet aboutissement sera un grand changement. Il permettra l'épanouissement de tous et la prospérité de tous les Etats. Il les débarrassera des chaînes à la fois internes qu'externes de sorte que les potentialités individuelles participent à l'évolution collective. L'esclavage intellectuel, moral, mental, industriel, commercial et physique qui caractérise la plupart de ces populations pourra disparaître face aux nouvelles personnes qu'elles seront, clairement instruites des causes de leurs souffrances, sereines devant les procédés de suggestion et affirmatives par l'esprit et l'action.

Ceux des Nigloyens qui rencontrent le Zouglou sont obnubilés par la frustration qu'ils ont vécue chez eux. Ils croient obstinément au choc physique comme précédent inévitable à tous les grands changements. Selon eux, aucune société prospère de quelle que partie de leur planète ne peut aujourd'hui se vanter l'avoir été spontanément. Elles auraient toutes vécu à un moment au moins de leur histoire un choc par les armes à l'intérieur de leurs populations. Pour eux, vouloir prétendre du contraire n'aboutirait à rien d'autre que se fourvoyer. Ainsi, attendent-ils de leur visite de recevoir des armes à la hauteur de celles de leur colonisateur pour en découdre et libérer leur peuple.

Pour convaincre leurs hôtes, Tonissia leur porte-parole dit ce qui suit : « les libérations sur notre planète ont toujours pris la forme de chocs armés ou d'insurrections ». Après avoir dit cela, il met une pause avant de continuer en ces termes : « Voyez-vous, il est difficile de vous en parler puisque vous ne connaissez pas notre planète. »

- Il est possible qu'en parlant, vous me permettiez de connaître votre planète. Fit Diley, son interlocuteur zouglou.

Encouragé par cette réponse qui marquait une disposition à être écouté, le visiteur reprend.

- Merci ! Je vous donnerai un exemple pour illustrer mon propos. Chez les colonisateurs en Krass, il y avait une forteresse qui devait servir de citadelle militaire. Mais, sous l'un de leur roi, Celwis Tresse, elle se transforme en une prison. Plus tard, la citadelle devient aux yeux des populations un véritable sanctuaire de l'arbitraire. L'incarcération s'y fait au gré et au bon vouloir de Tresse et de sa cour. Il a fallu un soulèvement populaire pour mettre fin à l'arbitraire et détruire la citadelle. Après sa destruction, la Krass plonge dans un processus émaillé de chocs sociaux et de guerres civiles qui font rage au point de déboucher sur l'exécution du roi. La mort de ce dernier donne lieu à un nouvel ordre social qui est en faveur des révolutionnaires. Tout cela a été possible, bien sûr après des chocs sociaux. Il nous faut parvenir à créer ce choc et nous avons besoin d'armes.

- Nous n'avons pas d'arme à vous offrir. Coupa Dilcy qui tourna dos au visiteur avant de dire : « Si vous ne croyez qu'à cette forme de choc, vous frappez à la mauvaise porte.»

- Croyez-vous vraiment qu'il y a d'autres solutions à ce que nous vivons ? Demanda ce dernier, curieux d'en savoir plus.

A cette question, Diley répond ceci : « Nous ne nous opposons pas à votre désir d'en découdre. Nous ne pouvons pas vous aider simplement parce que nous n'avons pas les moyens que vous recherchez. Mais nous croyons qu'il n'y a pas que la forme de choc que vous présentez. Car les chocs ont dans bien des contextes pris la forme de l'introduction de nouvelles idées et de comportements qui s'opposent aux normes préétablies. C'est le choc des mentalités. »

- Vous ne savez certainement pas combien l'armée du colonisateur est puissante aux yeux de notre population. Rétorqua le visiteur qui ensuite explique à Diley la suffisance et l'arrogance de leur bourreau.

- C'est une raison de plus pour opter pour la forme de choc que nous présentons. Elle s'opère au niveau des consciences qui sont en contact direct avec la vérité, le palpable et les autres consciences. Ce sont les consciences qui vivent les expériences et les aventures qui conditionnent notre manière de voir, la manière de voir étant la mentalité. Dans votre contexte, les mentalités ont été conditionnées pour avoir peur du colonisateur. Si vous ne travaillez pas à créer la confiance et l'estime de soi, aucun armement ne pourra vous sortir du joug que vous vivez. Gagner la bataille de la transformation des mentalités assujetties est plus significatif que gagner une bataille armée. »

Diley invite ses visiteurs à adhérer à l'approche zouglou qui préconise d'opposer aux consciences de nouvelles idées et de nouveaux comportements pour que soit créé un déclic au niveau des mentalités. Il tente aussi de les convaincre à s'engager totalement et sans détour dans la visite des moindres détails de leur misère pour en savoir les causes réelles. Il leur présente cet engagement comme participant des instruments pour combattre toute forme de vie misérable.

Cependant, la vie chez eux torture leur esprit. Ils se montrent difficiles à raisonner quant à leur choix. Tonissia reprend alors pour révéler ceci : « Avec la puissance de feu qu'ils ont, la technologie et la précision de leur armement, les colonisateurs n'écoutent personne. Parce qu'ils se disent que nous ne pouvons pas les battre au combat, ils nous méprisent. Ils ne respectent même pas les lois et les conventions qu'ils ont suscitées eux-mêmes sur notre planète. Ils sont simplement arrogants, imbus de leur personne et toujours prêts à exhiber leurs armes. Ils donnent à croire que l'intelligence se trouve au bout des canons ». Ainsi, finit-il de parler. Il attend que Diley lui réponde. Ce dernier promène son regard à la recherche d'une idée capable d'illustrer aisément le choc auquel le Zouglou fait allusion. Son regard se heurte à l'image d'un aigle accroché au fond de la salle dans laquelle la rencontre se tient. Il se retourne vers le visiteur qui attend encore et lui dit :

- Vous vous y prenez avec trop d'émotion ! Economisez votre fougue et investissez la dans la réflexion profonde. Si l'homme pense que l'aigle n'a peur de rien, il faut le conduire au nid de l'aigle pour qu'il voie quelle grande précaution cet oiseau prend avant de s'en aller attaquer les autres. S'il le fait, c'est parce qu'il a peur que les aiglons servent de repas aux bêtes fauves qui peuvent grimper les arbres et aux serpents des bois. Si l'homme pense aussi que l'aigle est invincible, il faut le conduire dans les bois pour qu'il voie que l'aigle ne capture que ce qu'il peut transporter sans être retenu au sol. S'il a entendu parler de la précision de cet oiseau, il faut le conduire au lieu de ses prises pour qu'il voie combien de fois il se largue comme une bombe pour n'attraper qu'une seule proie. Il faut opposer aux consciences emprisonnées tout ce qui peut ébranler les images stéréotypées qu'elles ont absorbées et finies par prendre pour vérité incontournable. Vous savez, si l'homme croit encore que rien ne se perd et que tout se transforme, il faut lui montrer qu'il existe des transformations expressément faites pour susciter la perte. Il est impératif de remodeler les mentalités pour qu'elles se prennent en charge, comprennent et adhèrent avec raison à la lutte, que celle-ci soit armée ou non. Sans cela, toute victoire peut se revêtir rapidement de revers indésirables. Car la misère à l'intérieur d'une domination continue finit par être le fait d'une crise morale liée à la confusion des mentalités. Cette confusion est le premier ennemi de toute société qui tente de se soustraire du joug d'autrui.

Cette fois, le discours de leur hôte attire particulièrement l'attention des visiteurs. Avec du recul, ils remarquent qu'ils avaient eu des victoires dans le passé. Ils avaient même réussi à faire fléchir leur colonisateur. Mais celui-ci est revenu, plus fort qu'avant.

Aussi, Tonissia et ses compagnons observent les agissements des dirigeants actuels de leur société qui sont devenus beaucoup plus malléables et pratiquement incapables de défendre les intérêts de leur peuple. Le recul qu'ils entreprennent leur fait accorder plus d'intérêts aux dires de Diley. Par conséquent, ils lui demandent de leur parler un peu plus de son mouvement.

Diley commence par leur raconter l'histoire du Zouglou. Il les entretient sur les douze membres des Parents du Campus Ambiance et l'impacte de chacun sur le mouvement. Ce que Tonissia et ses compagnons apprennent par la suite les amène à développer un penchant pour le Zouglou qu'ils finissent par adopter définitivement.

Le Zouglou impose à ses nouveaux adeptes d'explorer dans les moindres détails l'hégémonie qu'ils vivent et de lui trouver un sens. Les visiteurs s'adonnent à cet exercice en ayant à l'esprit cette assertion que Diley n'a pas manqué de leur enseigner : « Commencer à peindre sa misère, c'est commencer à lui trouver une solution ».

L'exercice qu'ils entament les amène à découvrir la suggestibilité au centre des facteurs principaux de la misère que vit leur société. Ils apprennent ensuite du Zouglou qu'une fois qu'ils auront su comment et à quoi ils sont suggestibles, ils pourront rentrer en possession du contrôle total de leur société et de sa destinée. Ils conviennent alors de chercher à comprendre la teneur de la suggestibilité pour pouvoir l'entamer. Ils sont encouragés à produire une peinture détaillée de tout ce qui entoure leur vie afin de permettre d'ôter le masque à la suggestion.

Soucieux de leur transmettre les causes de son mouvement, Diley révèle que le Zouglou s'oppose à une tendance chez l'Homme à être seul et partout à la fois. Puisque la tendance dont il est question n'est pas encore connue dans leur langue, il leur propose son appellation originelle, celle que lui confère le mouvement lui-même. Cette appellation tient compte du fait que cette tendance émane d'une disposition du moi. Diley commente : « Nous faisons une liaison étymologique entre le moi et la tendance en question. Nous l'appelons moyisme. »

A première vue, la notion du moyisme provoque chez les visiteurs de la perplexité. Ils trouvent étrange qu'il puisse avoir chez l'Homme une disposition qui l'inclinerait à être seul et partout à la fois. Ils font remarquer à leur hôte qu'ils ne voient rien dans leur monde qui symbolise une telle tendance. Ils ne sont donc pas prêts à accepter la possibilité de son existence.

Pour les convaincre, Diley ajoute avec empressement : « Le moyisme est la conséquence d'un état confusionnel. Exactement comme la misère dans un contexte de domination ! Il s'agit d'une utopie. Comme toutes les autres utopies, il est de conséquence désastreuse. »

Diley ne parvient toujours pas à éliminer la perplexité de ses visiteurs. Mais ceux-ci n'abandonnent pas. Au contraire, ils insistent pour qu'il continue à en dire plus. Au vu du temps avancé, il convient plutôt de les rencontrer une autre fois en leur promettant un exposé sur la notion du moyisme.

Au jour de la rencontre, les visiteurs trouvent Diley et quelques-uns de ses compagnons dans une salle. Kassenou, l'un d'entre ceux qui ont accompagné Diley, donne le signal qui consacre le début de l'exposé : « Libères ! » Fit-il. Sans aucune forme de procédure, Diley se met à parler. « Le moyisme est une tendance à être seul et partout à la fois. C'est une tendance hégémonique. Par elle, un individu ou un groupe d'individus, une organisation ou un groupe d'organisations, privée comme étatique, une nation ou un groupe de nations peut détruire physiquement et psychologiquement les autres. Son action de destruction a pour but d'accroître sa richesse et asseoir sa suprématie. Le moyisme se manifeste par une volonté d'hégémonie. »

Sur ces mots, il remarque de la stupéfaction sur les visages des visiteurs. Il s'arrête pour s'enquérir de leur mine. Les autres lui font savoir qu'ils sont surpris de son approche. Diley leur répond qu'il y a des choses qui ne s'expriment mieux que vécues. Il reprend alors la parole pour dire que le Zouglou est direct : « Notre approche est fondée sur l'idée d'un des premiers concepteurs de notre mouvement quand il s'est détaché du zougloubéhi. Il se nomme Koukougnon Assoa Jean-Pierre. Il était de la Fédération Estudiantine et Scolaire de Côte d'Ivoire. C'est de lui que nous tenons les caractéristiques de l'art Zouglou et la pratique qui lui est rattachée. Dans l'art Zouglou, nous sommes tenus de fédérer toutes les sensibilités culturelles de notre espace vital. Il s'agit de produire un art inclusif et endogène. Koukougnon appelle cette approche la zougloutique. Dans la pratique de cet art, l'idée exprimée doit être aisément palpable. Ici, nous parlons de directisme, un concept qui vient compléter la proposition de Koukougnon. Le directisme est une notion née d'un travail collectif. Il prend racine dans une cité universitaire loin de celles de Yopougon. C'est la cité universitaire de Williamsville. Là-bas, un groupe d'étudiants flirtait avec une idée qu'il trouvait représentative des tendances et caractéristiques du type d'expression visible au sein du mouvement zouglou. Il désignait cette idée par le terme de directivisme. Il s'est trouvé que leur idée était bonne, mais que le directivisme en tant que terme existait déjà. Il s'apparente plutôt à de l'autoritarisme. Ce terme a donc été revu pour devenir directisme. Le directisme dicte un langage direct et sans détour aux adeptes du Zouglou. Car selon Cablétchi Simplice, 'dire sa misère ne saurait s'accommoder de fioritures'. A cela, Jules Loubé[32] ajoute qu'il ne s'agit pas de vision, mais de vie. Quant à l'artiste Didier Bilé, il invite à 'rentrer dans son milieu pour connaître la misère et la galère de l'étudiant'. Ceci dit, nous rentrons dans le milieu qui exprime au mieux le vécu quotidien et nous ne cherchons pas à orner nos discours pour les présenter aux autres. Nous faisons ce que nous avons à faire et nous disons ce que nous avons à dire. Il n'y a pas une meilleure manière de vous le faire savoir. Le détour appartient à l'homme en crise ». Et Kassenou, le compagnon de Diley de reprendre : « Libères ! »

« Le moyiste, porteur de la tendance dont je vous ai parlé à notre précédente rencontre est doté d'un moi caractérisé par une auto-divinisation. Il s'attaque aux réalités et aux vérités qui ne proviennent pas de lui et à celles qu'il ne reconnaît pas. Il réfute l'existence de l'autre dans sa particularité différente de lui, mais en plus s'emploie à sa destruction. Le moyiste recherche la solitude, l'unicité et l'ubiquité. La recherche de ces trois états est générée par une surestimation de son être. Le jugement démesuré qu'il tient de sa proportion humaine le conduit à se percevoir lui-même très proche du monde divin. Cependant, ce qu'il croit être, seul, unique et doté

[32] Membre du groupe Les Parents du Campus Ambiance

d'un don d'ubiquité se trouve nié par l'existence des autres. Il découvre que ceux-là parlent et qu'ils ont la capacité de penser tout comme lui. Certains ont d'ailleurs existé avant lui. Au détour de sa curiosité, il s'aperçoit qu'il est lié à eux. Frustré de cette réalité qu'il refuse d'accepter, il décide de se donner les moyens qui forcément l'installent dans une divinité illusoire. Parmi ces moyens, il y a la destruction physique des autres.

La destruction physique de tous les autres hommes suppose le déploiement d'une énergie à la limite de l'impossible. Cette énergie peut d'ailleurs constituer un danger pour lui-même. Par conséquent, il détruit physiquement dans une proportion qui ne l'expose pas au danger. En général, il élimine ceux qui opposent une résistance à l'hégémonie. Quant aux autres, il les détruit psychologiquement. Toutefois, cette destruction psychologique de masses est toujours précédée d'une destruction physique ; les masses ayant généralement en leur sein des entités individuelles ou collectives qui résistent à l'hégémonie. Ce n'est qu'à l'issue de la destruction de ces derniers qu'il installe les mécanismes d'élimination psychologique. Il est entendu par là tout ce qui compose le processus par lequel la mentalité de l'être humain est conditionnée. Le but de ce conditionnement est de les faire à son image, mais à cette image qui voit en lui une autorité et qui se dispose à être anéantie.

Dans le fond, le moyiste prospère dans la suggestion des autres qu'il transporte par une dictée multiforme dans un monde qui les dissocie de leur réalité. Il les amène dans son univers. Ici, il s'emploie à se faire accepter et obéir de force. Dans cet univers, il devient dieu et l'obéissance que développent ceux qu'il y transporte est destructive de leur propre personne. A travers eux, reflets de son image, il réussit à être seul. Simultanément, il parvient à être partout à la fois. Il y parvient parce que les autres sont devenus son reflet. Ils sont distribués sur tous les territoires à travers ses colonies. Certains à ses yeux reflètent mieux son image que les autres ou encore, ils sont suggestionnés. Il les installe ou s'ils le sont déjà, il les soutient à la tête de leurs congénères pour qu'ils pérennisent cette image. Le moyiste compte ensuite sur la nature pour continuer la tâche de pérennisation. Il s'inspire du fait que la conscience qui veut se dissocier d'une situation traumatisante est beaucoup plus susceptible de tendre vers celle qui dans la même situation, non seulement, ne semble pas affectée, mais qui en plus présente des signes de prospérité. De ce fait, il concède un privilège matériel visible à tous ceux qu'il installe ou soutient. Les autres suivront naturellement.

Les mécanismes de destruction psychologique sont maintenus dans la limite de l'ignorance de ceux que le moyiste installe. Leur ignorance lui garantit sa domination constante qui est nécessaire et indispensable pour aboutir à la fin. Le moyiste dans sa tendance d'être infiniment au-dessus des autres, les tient donc en dehors de la conception des mécanismes de destruction psychologique. Il distrait les mentalités déjà emprisonnées par la création régulière de concepts et de pensées pour justifier l'annihilation des résistants, mais en même temps pour expliquer les changements et la pauvreté des peuples. Ceux qu'il a accrédités demeurent suggestionnés. De ce fait, ils créent à leur tour une hégémonie locale en s'appuyant sur les média. Ils jouent sur la violence militaire et policière pour faire peur. Ils s'entourent de ceux qui dans le processus de dissociation d'avec la situation traumatisante, se rapprochent d'eux. Ils les corrompent. A leur tour, ces derniers en corrompent d'autres et comme dans un effet de domino, la corruption engrange toute leur société.

En fait, ceux que le moyiste accrédite s'inspirent des pratiques qui ont permis leur installation. Comme lui, ils modèlent d'autres personnes de sorte que la volonté de dieu s'accomplit aisément. Pour finir, ils se satisfont d'un sentiment de supériorité devant des sociétés gangrenées par la corruption et la peur. Cet aboutissement se veut inévitable, car chaque accréditation est faite dans le principe que dieu seul détient le secret de sa divinisation.

Quand les mécanismes de destruction psychologique ont fini de transformer les autres hommes à son image, ils ne peuvent avoir du moyiste qu'un respect destructif de leur propre personne. Devenu dieu, il est bonté. Il les approvisionne des nécessités vitales qui pour eux et dans leur nouvelle vie ne peuvent provenir d'ailleurs. Pour finir, il s'installe en eux. Les populations louent sa bonté et lui dispose de leurs âmes à sa guise. »

Diley achève ainsi son exposé. Il se prête maintenant aux questions des visiteurs que la description du moyisme a finalement confortés dans leur choix du Zouglou comme moyen de compréhension de leur société. Ils ont même fait savoir aux autres qu'il y a une similitude entre l'activité du moyiste et celle de ceux qui tentent de les maintenir sous le joug colonial. Ils voudront de ce fait approfondir leur exploration de la tendance moyiste. Pour les y aider, Diley leur explique qu'il y a deux types de moyistes qui travaillent dans une complicité tacite. L'un de ces moyistes utilise l'autre pour parachever sa propre divinisation. C'est le moyiste offensif. Il élabore tous les mécanismes de destruction et les livre à l'autre au rabais. Ce dernier est le moyiste suggestionné ou local. Il est la copie inachevée du moyiste offensif. Pour finir, Diley présente un tableau descriptif de la tendance moyiste.

# DESCRIPTION DU MOYISME

| TYPES DE MOYISTES | CARACTERISTIQUE | MECANISME |
|---|---|---|
| Moyiste global | Tendance à être seul et partout à la fois, Divinisation de soi, Offensif, Agressif, Global | Entretien de l'épouvantable, Destruction physique, Destruction psychologique |
| Moyiste local | Suggestionné, Agressif, Ignorant/naïf, Local | Entretien de l'épouvantable, Destruction physique, Destruction psychologique |

## Chapitre 6
## LE MOYISME ET SES INSTRUMENTS

Diley et ses compagnons adhèrent volontairement à l'idée de se mettre entièrement à la disposition des autres afin de les aider à comprendre le moyisme. Ils leur expliquent que peindre sa misère à l'intérieur du Zouglou impose une recherche permanente et une approche qui veut que l'on aille à la découverte de soi, mais aussi à celle de l'autre.

Après cela, Diley, Kassenou et les adeptes du Zouglou apprennent à leurs visiteurs que le moyisme n'est pas une tendance spontanée. C'est la résultante des frustrations à l'intérieur des relations entre toute créature vivante (l'enfant) et son ascendant immédiat (le père). Les frustrations dont il s'agit sont essentiellement vécues par l'enfant qui pour les surmonter cherche à supplanter le père. Diley et ses compagnons précisent que l'appréciation et l'interprétation que l'enfant fait de ses relations avec son père déterminent aussi bien la force de ces frustrations que l'intensité du moyisme.

Afin qu'ils comprennent la frustration et les relations entre ses parents et l'enfant, Diley invite ses visiteurs à s'imprégner des pensées de Sigmund Freud (1856 – 1939), un neurologue autrichien, qui traite longuement du sujet dans ses travaux. Ceux-ci découvrent alors de ce penseur que l'enfant dans son bas âge développerait un grand amour pour son parent de sexe opposé. Cet amour serait associé à une frustration et à une jalousie qu'il manifesterait contre son parent de même sexe.

Ils sont portés à continuer la lecture de Freud et à dire ce qu'ils apprennent du passage concernant la frustration de l'enfant. Tonissia encore une fois prend la parole pour faire part de leur conclusion : « Il semble que pour cet auteur, les relations entre ses parents et l'enfant aboutissent chez le dernier à une tentative de supplanter son père ou sa mère selon que ce soit respectivement un garçon ou une fille. » Fit-il à Diley qui visiblement enchanté lui rétorqua : « Bienvenue à l'accouchement du moyisme, car vous êtes au cœur de sa naissance. La tentative de la créature de supplanter ou dominer ce qui l'a engendrée est à l'origine de cette tendance. »

Après avoir reçu cette information, ils décident de revisiter Freud par une relecture de ce qui est communément appelé le complexe d'Œdipe ou selon le Zouglou, complexe moyiste. Ils sont surtout encouragés à relire la légende de Sophocle qui le sous-tend. Sophocle est un dramaturge grec né vers l'an 495 avant notre ère. Il rapporte cette légende qui concerne un enfant appelé Œdipe :

Oedipe est le fils de Laïos et de Jocaste, respectivement roi et reine de Thèbes. Avant sa naissance, un oracle prédit ceci à Laïos. Son fils Œdipe grandira et deviendra son meurtrier. Pour ne pas que cette prophétie se réalise, Laïos commande à son serviteur d'enchaîner Œdipe à une montagne et de l'y abandonner. Œdipe était encore bébé. Pris de pitié pour l'enfant, le serviteur le confie à un berger. Ce dernier se rend à Corinthe où il remet Œdipe à

Polybe, roi de Corinthe et à sa femme, Mérope. Ce couple royal n'a pas d'enfant.

Oedipe grandit à Corinthe sans connaître ses origines. Un jour, il apprend qu'il n'est pas le fils de ses parents. Troublé par cette information, il se rend au sanctuaire de Delphes pour en avoir la tête nette. L'oracle qu'il y rencontre lui prédit qu'il tuerait son père et épouserait sa mère. Pour Œdipe, ignorant de ses vraies origines, le couple royal de Corinthe est effectivement ses parents. Alors, il décide de quitter cette ville pour éviter que se réalise la prédiction de l'oracle de Delphes. Il se rend à Thèbes. Chemin faisant, il rencontre Laïos. Il ne sait pas qu'il est son père. Une querelle éclate entre les deux. Au cours de leur affrontement Œdipe tue Laïos.

Œdipe arrive enfin à Thèbes. Mais il trouve cette ville en plein désarroi. Elle est frappée par la malédiction d'un sphinx. Cette créature mythique posait des énigmes aux passants. Elle tuait ceux qui ne pouvaient pas résoudre ses énigmes. Mais Œdipe réussit à résoudre l'énigme du Sphinx. Il libère ainsi la ville de la malédiction. En récompense, il est proclamé roi de Thèbes et épouse la reine. Il s'agit de Jocaste. Il ne sait pas qu'elle est sa mère.

Plus tard, une peste frappe Thèbes. Un oracle révèle que la peste ne prendra fin que si le meurtrier de Laïos est découvert et puni. L'oracle enquête et découvre la vérité concernant Oedipe. Horrifiée, Jocaste se suicide. Quant à Œdipe, il se crève les yeux en apprenant la vérité.

La légende dont il s'agit n'étant pas de Freud lui-même, les visiteurs sont conviés à son examen indépendamment de lui pour en extraire ce qu'elle peut révéler d'autre. Ils seront conduits à élargir leur champ d'analyse en scrutant la légende de Sophocle à la lumière de la théorie de l'évolution. Le choix de cette théorie leur est inspiré par l'idée que Freud qui se sert de la légende de Sophocle, naît, grandit et meurt au moment même où elle atteint son apogée. Il serait donc possible qu'il ait pu en être influencé. Une autre raison gouverne la nécessité de revisiter le mythe d'Œdipe sous un angle différent : Sophocle n'était pas que dramaturge. Il était le stratège et le conseiller des armées hellènes vers l'an 415 avant notre ère. Ses pièces devaient sûrement refléter ses responsabilités militaires, surtout que leur publication coïncide avec les velléités expansionnistes de son pays, la Grèce.

L'intention de Diley consiste à amener ses visiteurs à voir ce qui d'autre peut donner une explication à la mort des parents d'Œdipe, mais surtout à la mort du père des mains de son fils. Il leur demande de se rapporter à la théorie de l'évolution. Pour ce faire, il leur propose de lire l'ouvrage intitulé « Origine des Espèces » de Charles Darwin (1809 – 1882) publié en 1859, trois ans après la naissance de Freud. Diley leur donne deux exercices. Le premier consiste à présenter les principaux concepts de la théorie de l'évolution. Dans cet exercice, il veut que les visiteurs comprennent d'abord la portée scientifique de cette théorie. Leur deuxième exercice consiste à faire preuve de vigilance quant à la partie où Charles Darwin, dans son œuvre, s'intéresse à la sélection naturelle et à la lutte pour l'existence ou la survie.

Après quelques jours de lecture, Tonissia et ses compagnons reviennent à Diley avec leurs conclusions :
« Charles Darwin nous enseigne que toutes les espèces vivantes se métamorphosent perpétuellement. Au fil du temps et des lignées, ces espèces subissent des transformations à la fois génétiques et morphologiques. Nous avons découvert cinq principaux concepts dans ses écrits. Ce sont : la variation, la reproduction différentielle, l'accumulation par crescendo des changements, la spéciation et la sélection naturelle que nous présenterons à la fin, juste pour faciliter la transition à l'exercice suivant.

Le concept de la variation suggère l'existence d'une diversité génétique au sein d'une population donnée. Cette diversité est causée par des processus tels que des mutations génétiques hasardeuses et des associations génétiques lors de la reproduction à partir de deux individus de la même espèce, mais de sexes différents.

La reproduction différentielle dit qu'il y a des individus qui se reproduisent avec succès, tandis qu'il y en a dont la reproduction se fait avec moins de succès. Ceux qui se reproduisent avec succès réussissent à passer leurs caractéristiques génétiques à leur lignée immédiate. Les autres se reproduisent moins fréquemment, ou encore, ils ne parviennent pas à transmettre proprement leurs caractéristiques génétiques aux futures générations.

L'accumulation par crescendo des changements explique la conséquence des petites métamorphoses génétiques qui se produisent au sein de la population. Ces métamorphoses s'accumulent au fil du temps et conduisent à des modifications plus significatives.

La spéciation s'intéresse à l'avènement d'espèces nouvelles. Ce concept indique que des populations peuvent évoluer indépendamment des autres. Au fil du temps, leur évolution peut produire des populations différentes de telle sorte que ces dernières peuvent être considérées comme des espèces distinctes de la population initiale.

Le cinquième concept est la sélection naturelle. Nous en parlerons séparément. Voici, de manière succincte, les cinq principaux concepts que nous avons pu ressortir de la théorie de l'évolution. Pour cet exercice, en plus de l'ouvrage Origine des Espèces que vous nous avez proposé, nous nous sommes intéressés à d'autres écrits concernant ce sujet. »

Les visiteurs et leurs hôtes débattent des quatre premiers concepts qu'ils ont dégagés de l'œuvre de Darwin. Après ces débats, Diley leur demande de s'étendre maintenant sur le concept de la sélection naturelle et sur l'idée de la lutte pour la survie. Il souhaite enfin que les visiteurs se penchent sur leur rapport avec Freud et le mythe d'Œdipe.

En ce qui concerne la sélection naturelle, Tonissia dit à Diley que ses compagnons et lui ont été troublés par la mention que Darwin fait dans son ouvrage de Thomas Malthus (1766 – 1834). « Selon ce penseur, » fit Tonissia, « la sélection naturelle est la théorie de Malthus appliquée au monde animal et végétal. Cette mention intrigue puisque la théorie de Malthus est une proposition pour contrôler et réguler la croissance démographique afin qu'elle soit maintenue à un niveau proportionnel à la disponibilité des ressources telles que la nourriture et l'espace. Dans un essai intitulé « An Essay on the Principle of Population » et publié en 1798, Malthus affirme que la population a tendance à croître exponentiellement. Selon lui, si cette croissance n'est pas contrôlée et régulée, elle peut mettre à mal la survie parce que la nourriture et l'espace deviendraient insuffisants et incapables de soutenir la vie. Le plus intrigant est que Malthus préconise la guerre, la famine et la maladie comme des mécanismes de contrôle et de régulation. Son argument impose une question : est-ce que Malthus entend affamer, faire la guerre, tuer ou provoquer des maladies au sein de son propre peuple pour obtenir les résultats escomptés de ses mécanismes de contrôle démographique ? » Par cette question, Tonissia finit de dire pourquoi ses compagnons et lui sont intrigués par la mention faite de Thomas Malthus dans l'ouvrage de Darwin. Diley lui répond ensuite :

- Nous comprenons que vous êtes intrigués par l'idée que la sélection naturelle est une application de la théorie de Malthus. Ceux-là mêmes qui ont créé la Zougloutique ont été intrigués de la même manière. Les avis sur la question sont partagés dans le milieu du Zouglou. Il y a d'un côté ceux qui pensent que Darwin est simplement imprudent, car lier ses recherches à Malthus quelles qu'en soient les raisons, ouvre la voie à toute sorte de manipulation ou de récupération. De l'autre côté, il y a ceux qui pensent qu'il a abusé de son autorité en tant que naturaliste pour proposer la progression géométrique de sa société. Cette progression géométrique s'exprimerait à travers les politiques expansionnistes qui auraient emboîté le pas à la théorie de l'évolution. Les tenants du soupçon d'abus s'appuient sur le fait que l'ouvrage de Darwin serait truffé d'expressions évocatrices de la colonisation. En plus, en parlant d'espèces, son discours serait totalement inclusif. Pour eux, Darwin parlerait de toutes les espèces y compris l'espèce humaine et ses diverses caractéristiques. Ils tiennent pour preuve qu'il écrit dans le chapitre concernant la lutte pour l'existence que cette lutte est la conséquence inévitable de la rapidité avec laquelle tous les êtres organisés tendraient à se multiplier. L'Homme étant lui-même un être organisé, il serait indéniable que la théorie de Darwin le concerne. Considérant l'inclusion de l'Homme et le crédit accordé à Malthus, les tenants du soupçon d'abus estiment que la faune et la flore dans l'œuvre de Darwin est un rideau de fumée, quoi que le penseur présenterait en surface un travail remarquable en tant que naturaliste. Cependant, dans le souci de poursuivre sereinement notre exercice, nous n'avons aucun intérêt à prêter à Darwin des intentions sans preuve suffisante. Accordons-nous à dire que ce penseur voulait juste montrer que les pressions que nous vivons en tant qu'êtres humains et qui ont été perçues par Malthus, sont les mêmes que vivent la faune et la flore. Je vous invite alors à dire ce que vous avez appris de la sélection naturelle et son rapport avec le mythe d'Œdipe.

« La sélection naturelle est un concept selon lequel les espèces aux caractéristiques mieux adaptées à leur environnement ont plus de chance de survivre et de se reproduire. » Commença Tonissia. « Ces caractéristiques sont perçues comme un avantage par les concepteurs de la théorie de l'évolution. Cet avantage serait transmis à leur progéniture, augmentant ainsi la fréquence des gènes favorables dans la population. Cette idée sous-entend que la progéniture est encore mieux armée et que ses caractéristiques sont beaucoup plus adaptées à son environnement que son ascendant. » Ainsi, finit le visiteur qui semble avoir oublié la deuxième partie du problème à lui posé.

- Quel est le rapport avec le mythe d'Œdipe ? Fit son hôte pour lui rafraîchir la mémoire.

- Dans ce mythe, la confrontation entre l'enfant et son père s'achève par la victoire de l'enfant. Après cette confrontation, Œdipe rentre à Thèbes où personne ne parvient à résoudre l'énigme d'un sphinx. Même sa mère, Jocaste, est soumise au désarroi créé par la présence du sphinx. Il a fallu qu'Œdipe vienne à Thèbes et qu'il fasse montre d'une aptitude intellectuelle supérieure pour que la ville soit libérée. L'issue de ces deux événements suffit pour dire que la progéniture, Œdipe, est mieux armée et qu'elle a acquis des caractéristiques beaucoup plus adaptées à la survie dans son environnement que son ascendant. D'ailleurs, ses parents meurent tandis qu'il survit. Ainsi, le mythe d'Œdipe confirme le concept de la sélection naturelle.

Les visiteurs mettent une pause avant de s'intéresser au concept de la lutte pour la survie. Diley leur conseille une petite promenade sur le site qui abritait les résidences des étudiants de Yopougon. Les bâtiments sont encore là, intacts, mais ils servent maintenant de logements aux policiers de la brigade anti-émeute d'Abidjan. Il n'y a plus d'étudiant. Cependant, les policiers ont pris le soin de laisser un graffiti inscrit sur le mur de la chambre où logeait Didier Bilé. Les visiteurs ont pu y lire : La Rue Du Zouglou. Ils y ont pris quelques photos avant de retourner à leur exercice.

Au retour, Diley leur demande de parler de la lutte pour la survie. Tonissia répond à cette préoccupation : « Nous avons découvert que cette idée tient pour vérité que les espèces qui peuplent le monde sont soumises à une lutte permanente pour leur survie. » Dit-il avant de continuer. « Celles qui parviennent à survivre à la lutte pour la survie sont les espèces qui ont un quelconque avantage sur les autres. Cette idée nous ramène au concept de la sélection naturelle dont nous avons parlé avant la petite promenade. Mais alors, la théorie précise que la lutte dont il s'agit est plus acharnée, et même tragique quand elle oppose des espèces de même nature. »

Diley regarde les visiteurs qui ne disent rien. Alors, il leur pose cette question : « Après vous êtes instruits des concepts développés par la théorie de l'évolution, pouvez vous maintenant, indépendamment de Freud, dire ce que vous révèle la mort du père dans le mythe d'Œdipe ? » Les visiteurs répondent que du point de vue de la théorie de l'évolution, la lutte devait être naturellement plus sanglante entre Œdipe et son père qu'elle l'a été entre sa mère et lui. Ils s'expliquent : « Il y a ici deux espèces en présence. L'espèce féminine et l'espèce masculine. Pourtant, pour les tenants de la théorie de l'évolution, la lutte entre les espèces de même nature est inévitablement sanglante et tragique. Vu sous cet angle, il n'est pas surprenant que l'enfant tue son père. Les deux sont de la même espèce, l'espèce masculine. Le mythe d'Œdipe nous apparaît donc comme une allégorie dans laquelle sont représentées des espèces, les unes descendantes des autres. Nous comprenons l'idée que représente la mort du père des mains de son enfant dans la légende de Sophocle. »

Diley reprend la parole : « Nous savons qu'il y a une lutte de facto à laquelle doivent faire face les espèces qui peuplent ce monde parce qu'elles doivent survivre. Cette lutte a trait à notre combat contre les péripéties de la nature. Chez les animaux, les autres espèces font partie de cette nature et donc peuvent constituer cette péripétie naturelle elle-même. Par exemple, le serpent est un danger naturel pour la souris, tout comme la mangouste est un danger pour le serpent. En ce qui concerne l'espèce humaine, la lutte mortelle entretenue par certaines contre les autres remet en cause l'idée que l'Homme s'est effectivement séparé de l'animal. »

Diley met une pause avant d'émettre ce souhait : « Je souhaite qu'une fois chez vous, que vous réfléchissiez mieux à la frustration de l'enfant vis-à-vis du père. Je suis certain que vous en serez psychologiquement élevés. » Assure-t-il avant de leur révéler ce qu'il a appris de leur société.

« Pendant que nous travaillions, je me suis renseigné à votre sujet et il me semble qu'il y a des liens de parenté entre vous et ceux qui sont aujourd'hui vos colonisateurs. C'est d'ailleurs pourquoi j'ai voulu vous parler de cet aspect de notre combat, la lutte contre le moyisme. En fait, des espèces enchaînées par leur ignorance ont imposé et continuent d'imposer aux espèces humaines une lutte de survie telle que vécue au cœur de la faune. Par faute de culture, elles tirent constamment l'humanité vers le monde des animaux où la survie est fonction de la force de ses griffes, de ses crocs, de son bec, de son venin ou de sa masse. Cette humanité, qui devait être une communauté de partage, se transforme allègrement en un endroit où nous tous devenons par suggestion des loups les uns pour les autres. Pour ces espèces qui s'estiment hors pair, l'histoire des conquêtes de tyrans en leur sein est plus importante que celle de l'humanité en quête de la connaissance, du savoir et de la sagesse. Le trouble est si grand qu'elles ont fini par se convaincre que la falsification de l'histoire de cette quête est bonne pour la postérité. » Diley s'arrête de parler pour permettre à ses visiteurs de continuer leur exploration de la tendance moyiste.

Dans leur démarche, il leur apparaît qu'à l'intérieur du conflit présenté dans la légende de Sophocle, l'acquisition des instruments qui assurent la victoire de l'enfant se fait à l'insu des parents. Œdipe est éloigné des siens. Il acquiert ces instruments dans son exil. Il y a donc comme une activité sournoise au conflit dans laquelle l'enfant réussit à échapper à la vigilance des autres.

Les visiteurs projettent la légende de Sophocle à leur propre vécu. Avant cela, ils s'aperçoivent que la dimension du conflit dépend de l'appréciation que l'espèce engendrée fait du lien entre elle et son ascendant immédiat. Ils remarquent aussi que cette dimension est proportionnelle au niveau de frustration qu'éprouve l'enfant. Par exemple, Œdipe trop frustré, rentre dans une confrontation directe avec son père et le tue. Il se crève les yeux à la découverte de son amour incestueux.

Le moyisme peut être atténué par le niveau de frustration de l'enfant. Moins il est frustré, plus il obéira autant qu'il peut aux tabous et aux valeurs familiales. Par contre, s'il est animé d'une frustration aiguë, le conflit est susceptible de tragédie. Comme dans le mythe d'Œdipe où l'enfant est éloigné de ses parents, le moyiste tentera de s'isoler pour être seul. Par exemple, il peut quitter prématurément sa famille. Ici, par rapport à elle, il est en quête de solitude. Quand cette solitude devient difficile à obtenir, il tentera de heurter les autres et au besoin de les éliminer. Enfin, si l'élimination de tous les autres comporte un danger pour lui-même, l'enfant s'y attellera dans des limites qui ne l'exposent pas. Il choisira de détruire ceux qui s'opposent farouchement à sa maturité par lui découverte. Quand il le réussit, il voudra corrompre les autres. C'est ici qu'il se découvre une âme hégémonique et tente de dominer sa famille. Il se rallie à ceux qui ne résistent pas à la corruption, leur donne une portion de sa domination et s'engage à transformer les autres. Par la transformation des autres, il parvient enfin à être seul, puisque les autres sont son reflet. Les autres étant son reflet, il est partout dans la famille. Le moyiste est né et dans toutes ses formes.

Les visiteurs sont appelés à se préoccuper maintenant de son évolution. A ce niveau, ils se démarquent de la légende de Sophocle. Ils apprennent que dans son isolement, le moyiste s'attache à produire des instruments aux fins d'empêcher l'épanouissement scientifique, économique, culturel et social des autres. Il sort de son isolement et s'approprie d'abord le savoir et la connaissance des autres dans ces domaines. Il élimine ensuite tous ceux qui en dehors de lui détiennent ou font montre d'une capacité à transmettre ces savoirs et connaissances. Ainsi, il suscite une discontinuité du génie inhérent à leur société. Il détruit aussi tout ce qui symbolise les liens entre lui et les autres. Enfin, il se procure une famille, celle-là avec un père au-dessus de tous. Pour y parvenir, il évoque Dieu, car elles sont nombreuses ces sociétés qui croient en son existence et qui sont prêtes à se prosterner devant tout ce qui le concerne.

En évoquant Dieu, le moyiste sort définitivement de son isolement. Il se frotte aux réalités traditionnelles des sociétés qui l'ont précédé. Il côtoie les notions et les pratiques relatives à leurs traditions. Il s'imprègne des mœurs spirituelles qui les accompagnent. Il s'en inspire en s'assurant de débarrasser ces notions, ces pratiques et ces mœurs des empreintes de leurs concepteurs. D'ailleurs, il se substitue à ces derniers.

Dieu demeurant invisible, il est possible au moyiste de se forger une conscience de tranquillité divine en rapprochant son image de la sienne. Les instruments qu'il a découverts et la corruption qu'il exerce sur tous les autres lui facilitent ce rapprochement. Il en fait usage pour incorporer dans l'entendement toutes les choses qui plairaient à Dieu, mais qui pour ses ambitions de domination devraient se confondre à sa propre personnalité. Dieu en devient un homme avec des sentiments et des émotions.

Maintenant fait homme, Dieu lui ressemble. Le moyiste lie à travers l'art et la littérature la crainte de Dieu à celle de sa propre personne. Il se sert de la suggestion de l'épouvantable et de la force brute qu'il a découvertes dans son isolement pour imposer son approche des choses divines. Concomitamment, il vilipende et attaque pour détruire tout entendement qui ne s'accorde pas au sien. En définitif, le moyiste sort de son isolement, mais ne renonce pas à ce qui le caractérise, cette tendance à être seul et partout à la fois.

La crainte de Dieu et celle de sa personne sont maintenant entremêlées. Cet entremêlement, obtenu par la brutalité, procède d'une distorsion de la mémoire collective. La brutalité est elle-même une suggestion qui influence les fonctions de la mémoire. Elle facilite l'émanation de faux souvenirs et l'adoption d'informations manipulées, erronées ou suggestives concernant ce qui émane du divin.

Ici, le moyiste fait appel aux mythes et aux héros qu'il a découverts le long de sa vie. Insidieusement, il prête à Dieu et aux messagers de Dieu leurs prouesses. Ainsi, ces prouesses aux allures de miracles reprennent fidèlement les caractéristiques de celles de ses héros et des personnages de sa mythologie.

En somme, l'enseignement de Dieu devient un code dans lequel le moyiste se reconnaît tandis que les autres se dissocient de ce qui fait l'essence de leur société. Car au fil du temps, cet enseignement fait naître chez les autres un déséquilibre social, sociétal et spirituel dans lequel la représentation de Dieu est en conflit permanent avec les traditions des peuples.

La distorsion de la mémoire et la confusion s'aggravent davantage lorsque ceux à qui il offre une portion de son pouvoir s'accommodent de ses pratiques par suggestion. Ceux-ci tentent de maintenir ce qui leur est donné et leur permet d'échapper à la frustration vécue par tous. Ils brouillent ainsi davantage les causes de leur souffrance, car la nouvelle hégémonie qu'ils créent et ses effets pervers comme la première à sa naissance seront contestées. Elles sont d'autant plus contestées qu'elles sont flanquées d'ignorance, de naïveté et d'un déficit d'habileté ; le moyiste offrant au rabais ses méthodes et ses instruments aux autres. Elles seront les raisons immédiates des guerres et des conflits d'intérêts dans la colonie.

Le moyiste s'engage à régler les conflits, mais en faveur de ceux qui lui ressemblent et qui demeurent suggestionnés. Aux autres, il suggère la retenue et la tolérance en s'aidant des institutions qui déjà créées se chargent de promouvoir sa volonté.

Maintenant qu'il a grandi, le moyiste se fait des enfants et des adeptes. Ceux-là arrivent dans ce contexte où il est maître. Il leur enseigne l'histoire de la famille telle qu'il la veut. Il se place au centre de cette histoire et s'y confectionne le costume de l'être le plus achevé. Il s'arroge le crédit de toutes les avancées de l'Homme et élimine ce qui peut symboliser ses liens avec les autres.

Pour cette nouvelle génération d'enfants et d'adeptes, le fait est clair qu'il est maître. Si les hommes sont nés de Dieu, c'est que ce dernier leur aura accordé un avantage à tout point de vue. L'art et la littérature laissés par leur ancêtre sur cette question renforcent leur perception. Ils développent ainsi un sentiment de supériorité et apprennent ce qu'ils doivent être différents des autres.

Le sentiment de supériorité et la lumière divine qu'ils croient avoir obtenue exclusivement suscitent chez eux le désir d'éclairer les autres. Dans cet exercice, ils succombent au complexe moyiste. Certains voudront être plus puissants que le père, les autres n'acceptent pas du tout ses enseignements ou refusent de s'associer à la famille. Cette nouvelle génération crée beaucoup de tendances dont le point commun est l'idée de supériorité. Chacune de ces tendances voudra se proposer aux autres encore confus comme alternative dans l'amélioration de leur condition.

Le moyisme prend donc plusieurs formes, chacune liée à la tendance qui l'accompagne. Ayant en partage l'idée de supériorité, toutes les formes du moyisme utilisent les mêmes instruments de fonctionnement. L'utilisation de ces instruments tient au fait que la forme de supériorité perçue ici se construit. Elle ne peut survivre que dans l'amélioration et la sophistication permanentes des instruments qui l'ont engendrée. Etant construits dans la solitude et pour un objectif sournois, le moyiste peut duper les autres en les présentant comme pour le bien de tous et les utiliser par la suite pour les anéantir.

Les instruments du moyistes reprennent subtilement ceux retrouvés dans les conflits déclarés et à la lumière de toutes les consciences. Parmi eux, ceux capables de destruction massive reçoivent la plénitude de sa créativité. Ils se conçoivent en tenant compte de tous les sens de l'être humain. Au toucher, certains explosent et suppriment la vie. Ils peuvent engendrer des maladies qui se répandront ensuite dans les populations. Ils s'accompagnent de ceux capables d'asphyxier. Les autres instruments ne se voient pas ou ne s'entendent pas à distance, car ils doivent surprendre l'autre. Tous ces instruments peuvent être toxiques au goûter. D'ailleurs, l'arsenal du moyiste inclut des armes biologiques et des poisons, qui une fois sur les commodités consommables par voie orale, écourtent la vie. Mais ce qui est utilisé pour faire peur aux autres étant ce qui ferait peur à l'utilisateur, le moyiste crée parallèlement des instruments de surveillance pour non seulement empêcher que ceux qu'il veut tenir sous son emprise s'en procurent, mais aussi pour juguler sa propre peur. Il installe au-dessus de leur tête, dans les eaux et sur terre les moyens de la surveillance en s'assurant que celle-ci se déploie discrètement.

Il convient aux visiteurs de dire qu'aucun conflit déclaré ne peut être remporté sans la moindre information sur l'ennemi. L'on doit forcément connaître ou avoir connu un tant soit peu celui qui est combattu ou encore ses méthodes pour en venir à bout. Cette vérité les conduit à revoir les guerres qui ont marqué l'histoire de leur planète. L'une de ces guerres est connue sous l'appellation de « La Guerre des Ours Polaires ». C'est elle qui a retenu leur attention. Elle a été remportée par leur colonisateur et ses complices. C'est une guerre aux relents économique et raciste qui s'est très vite intensifiée. Ses vainqueurs avaient dû travailler à la connaissance des méthodes de leurs ennemis. Au nombre de ces méthodes, il y avait l'utilisation d'un langage particulier dont la compréhension s'est avérée déterminante dans l'issue de la guerre.

De même que les conflits déclarés nécessitent l'information sur les autres, la lutte pour la survie du moyiste exige la qualité de l'information. De ce fait, le moyiste développe des instruments qui lui permettent d'être informé sur la vie et surtout les ambitions des autres. Il le fait par l'utilisation des ressources technologiques et humaines. Les ressources technologiques vont être orientées vers la minimisation du temps et de l'espace pour accélérer la recherche, la réception et le traitement de l'information. Les ressources humaines seront corrompues et en général placées au service de l'espionnage des autres. L'espionnage se fait par l'infiltration de personnes promptes à la corruption dans les organisations et les institutions les plus déterminantes de la vie de ceux que le moyiste veut anéantir. Ces personnes peuvent être dotées d'une autonomie structurelle et fonctionnelle sans toutefois se dérober des intérêts du moyiste. Elles peuvent se présenter aux autres dans des costumes humanitaires et religieux. Elles se camouflent en se confondant aux masses. Mais elles ne s'éloignent jamais de ces instruments qui raccourcissent le temps et l'espace. Les informations qu'elles livrent au moyiste lui permettent de voir l'état d'esprit des autres dominés et d'ajuster les mécanismes de destruction physique et psychologique en fonction de l'état du moment. Elles permettent aussi de voir si ceux auxquels il a distribué une portion de son pouvoir sont encore à même de le tenir. S'ils sont devenus faibles ou gênants pour continuer à mériter sa confiance, il leur arrache ce privilège. Cette tâche est facile pour lui, puisqu'à l'intérieur des peuples dominés, il y a régulièrement des contestations liées à l'hégémonie locale et latente de ceux à qui il avait offert une portion de son pouvoir. Ces contestations s'impriment en des mouvements oppositionnels à caractère diversifié. Cependant, la diversité de ces mouvements est l'expression d'un état suggestif, en ce sens qu'ils sont inspirés et se conçoivent comme le reflet des contradictions tendancieuses inhérentes au moyisme. Il se rapproche de ces mouvements proches de sa tendance et qui semblent plus modérés. Il encourage leur direction. Au besoin, le moyiste aide la direction en question en lui fournissant une relative portion de sa richesse et une petite, mais suffisante partie de ses moyens de destruction physique. Ceci lui donne le bénéfice de la reconnaissance de la part de celle-ci. De cette manière, la direction est corrompue avant même qu'elle ne parvienne au pouvoir. Quand c'est par un coup de force qu'elle y parvient, le moyiste cherche la réconciliation avec ceux du peuple qui ne la supportent pas. Il condamne au bout des lèvres les méthodes d'acquisition du pouvoir après s'être assuré de la force de l'alliance qu'il a secrètement nouée avec les nouveaux dirigeants. Après quoi, il revient reconduire le respect de sa suprématie. Il se rapproche des handicapés, des orphelins et des veuves que la guerre de ce réajustement politique a livrés à la nature. Il met à contribution ses organisations humanitaires et religieuses pour les rassurer de son soutien et tente d'entrer dans leur estime en expliquant la nécessité du mal qui les frappe. Pendant qu'il le fait, ses soldats sont instruits d'une entreprise d'envahissement des consciences pour les intimider par une forte présence. Ces soldats arborent les tenues les plus effroyables et des armes nécessairement supérieures à celles qu'il a livrées pour la cause à la direction qui maintenant se trouve au pouvoir. La supériorité numérique de ses soldats et celle technologique de ses armes le préparent à détruire par le feu toute contestation d'où qu'elle vienne. Le moyiste étouffe ainsi toute velléité oppositionnelle en même temps qu'il présente son œuvre comme participant de la démocratie, une forme de démocratie que lui seul comprend en bien. Pour l'avancement de cette démocratie, il suggère un cadre administratif et légal à la nouvelle direction qui de fait se trouve impuissante face à l'envahissement que lui font subir les armes et les soldats sur son territoire. De même, elle est impuissante puisque son accession au pouvoir par le truchement du moyiste est une dette morale à laquelle les armes ajoutent une obligation physique. Son impuissance rend aisées la réécriture des lois, la création de nouvelles institutions locales et la ratification de contrats léonins qui serviront à parachever les ambitions globales du moyiste.

L'observation des conflits déclarés offre l'opportunité aux visiteurs de découvrir que le sabotage et le blocage de l'économie et des biens de l'ennemi permettent d'affaiblir celui-ci et quelques fois de l'assujettir ou le contraindre à faire plus de concessions qu'il aurait faites en d'autres circonstances. En effet, les embargos et les sanctions économiques sur cette planète sont très fréquents en période conflictuelle. Leurs conséquences sur la vie humaine, l'économie et la société de l'autre en disent long sur le caractère militaire dont ils se revêtissent.

Le moyiste s'accommodant des pratiques des conflits déclarés, il utilisera subtilement la paralysie de l'économie de ceux qu'il entend dominer pour parachever sa suprématie. Il crée des institutions économiques au biais desquelles il verrouille toutes les activités qui impliquent la circulation et l'échange des biens. Ces institutions lui permettent le contrôle de ces activités et de leurs revenues. Il installe le tout dans un environnement conceptuel. Quand ils sont appauvris, les concepts sont utilisés pour expliquer leur misère. Quand ils se révoltent, les mêmes concepts et ses institutions sont mis à profit pour les contenir. De même, il utilise ceux d'entre eux corrompus pour les apaiser. Les espions quant à eux s'agitent dans les organisations religieuses et humanitaires. Ils abusent des concessions faites aux fonctions affectées aux diplomates. Ils se servent sans scrupule du métier de journaliste. Ils réussissent à se faire accepter auprès des gouvernements, des juges et des parlements. Ils ont des 'amis' et des 'frères' partout desquels ils peuvent soutirer des informations. Ils lui livrent ces informations capitales. Les autres en sont piégés. A l'impossible, le moyiste devient violent. Et c'est la recrudescence du mal nécessaire à sa survie.

## Chapitre 7
UNIVERS MOYISTE

L'exercice d'exploration du moyisme commence à connaître un engouement réel chez Tonissia et les autres. Refusant qu'un seul aspect de leur vie leur échappe, ils ne s'accordent plus aucun répit. Ils ne veulent surtout pas regretter de n'avoir pas posé suffisamment de questions à Diley tant ils portent à cet exercice un grand intérêt qui est d'ailleurs récompensé. Lui et ses compagnons satisfont leurs visiteurs dont la préoccupation actuelle porte sur l'aliénation dans l'univers moyiste.

Ils se souviennent qu'il leur avait été dit pendant le premier exposé de Diley que le moyiste transporte les autres dans son univers. Ils demandent à leurs hôtes de s'appesantir un peu plus sur cet aspect de son discours.

Pour répondre à cette préoccupation, Diley choisit de leur présenter l'histoire de Violentine, une proxénète qui avait créé un petit univers dans lequel elle employait, en dehors des normes sociales et économiques, des filles naïves et ignorantes. Cette histoire commence ainsi :

« Le soleil se lève. Quelques nuages certainement résidus de la nuit gêneraient encore son rayonnement. Derrière une fenêtre vitrée, une femme sort de ses draps, sans doute pour être témoin de son triomphe. Elle se dirige vers cette lueur apparemment inachevée, car la nuit ne saurait être si longue. Elle empoigne le rideau qui sûrement empêche une lecture objective du temps dehors. Elle le tire et sans faire attention, elle dévoile au jour sa nudité et ses peines qu'elle ne parvient pas à dissimuler :

un visage froissé d'amertumes, des cheveux défaits dans le cauchemar, des yeux rougis de mélancolie, et le soleil triomphe. Aucun nuage ne le gène. Il fait jour. Elle est en proie à l'indiscrétion de ses rayons qui s'acharnent sur ceci qu'elle a encore de fort, sa poitrine.

Violentine, celle qui vient de se réveiller perçoit les jours trop courts maintenant. Pour cela, elle s'est résolue à faire vite, car il lui faut des filles pour reprendre sa félicité. Elle les veut surtout candides.

En fait, Violentine était une femme riche et respectable. Rien ne lui manquait et elle pouvait s'offrir tout ce qu'elle voulait. Mais alors un jour, elle rentra en conflit avec ses voisines de quartiers. Les femmes en colère et surtout jalouses se ruèrent sur elle et n'en laissèrent rien. Comme si cela ne suffisait pas, elles mirent le feu à sa maison. Violentine porta plainte, mais ne reçut qu'une modique somme des services communaux. Ainsi, les autorités avaient-elles décidé de la dédommager ; les autres femmes ayant disparu dans cette ville aux infrastructures propices au camouflage. La somme que reçut Violentine ne put même pas couvrir sa garde-robe.

Violentine avait d'autres problèmes. Il s'agit de grands investissements qu'elle avait faits dans une affaire qui s'avéra vaine. Elle avait aussi perdu la confiance de sa banque parce qu'incapable de solder ses dettes à l'issue de cette affaire. Cependant, elle devait se soigner de ses blessures et refaire sa maison qu'elle voulait aussi belle qu'auparavant. Cela fait, elle concéda ménage avec la pauvreté parce que ruinée. L'infortunée ne pouvant plus supporter l'humiliation de sa nouvelle vie, elle fut traversée par ces idées qui en pareils temps conduisent au paradis des choses du jour. Elle s'y vit refaite, si belle et si riche qu'elle ne voulut pas se contenter du rêve. Mais les voies par lesquelles ces choses se rallient sont empreintes d'une telle volatilité qu'il est recommandé l'opportunisme du vautour. Car ce paradis ne serait pas possible sans la perte naturelle de ceux qui s'y hasardent désavantagés par les armes qu'ils y apportent avec eux. L'œil du vautour sait repérer les choses faibles. Il vole en maître sur leur faiblesse et survit de leur dépouille. La pauvreté et la richesse s'y disputent le temps et l'espace. Le tout est coloré de préjugés de jour comme de nuit. Cependant, la nuit y connaît d'innombrables dépossédés. Ses étoiles sont confondues aux artifices qui courtisent le naturel. Le jour quant à lui brûle d'un soleil époustouflant et contraint à une civilité vide d'humanisme. Mais si rien ne se perd et tout se transforme, tout ce qui s'est transformé n'est pas perdu. La société que vit Violentine peut alors garder espoir en un avenir glorieux malgré les morts de la nuit et le mal que fait subir le jour. Elle ressuscitera des décombres de sa perte pour rétablir sa dignité. Avant que cela ne soit, le vide ne pouvant engendrer que le vide, c'est aux choses du jour que Violentine s'est prêtée pour revivre l'abondance dans les artifices de nuit.

Elle avait convenu avec Trompenous d'une rencontre dans un endroit touffu de la ville. Lui, se contentera ici d'être présenté comme celui qui s'est fidèlement commis aux voyages sur un même itinéraire dans les deux sens. Il allait régulièrement à l'autre bout du pays d'où il ramenait des filles à chacun de ses voyages. Aujourd'hui, il dut en faire pareil pour le compte de Violentine. Elle en est conséquemment très tôt affairée.

La voici qui rentre dans sa douche, se lave rapidement, enfile un pagne, se faufile dans une camisole puis sort. Elle traverse son quartier et un lot de baraques qu'avait indiqué Trompenous. Derrière les baraques, sous un arbre au voisinage herbeux, non loin d'un fossé d'ordures régulièrement véhiculées là par un ruisseau négligé par les autorités de la ville, Trompenous attendait. A ses côtés, six jeunes filles regardaient innocemment ce qu'elles trouvaient d'admirable dans ces baraques hautement plus belles que celles qu'elles venaient de laisser dans cet endroit du pays où la savane fait lentement place au désert.

Violentine arbora un doux regard, le premier de cette journée, puis prit Trompenous en aparté. Les filles entendirent quelques éclats de rire et ce fut tout. Violentine devint proxénète. A sa demeure qui était grande, elle les conduisit. Là, elles devaient procurer du plaisir à une clientèle d'obédience mondaine.

Un soir, puisque tout ici se fait dans les artifices de nuit, Violentine leur fit appel pour que leur soient précisées la tâche, les exigences élégantes et les modalités de paiement. C'est à Trompenous qu'il revint de les entretenir sur ces sujets.

- Je vous remettrai des bons à la fin de vos services, et cela, tous les vendredis. Fit-il avec autorité.

- Pourquoi des bons ? Demandèrent les filles un peu intimidées.

- Les bons vous protègent contre les bandits et les voyous qui courent les rues. Puisque ces bons ne sont pas échangeables sur le marché, personne n'osera vous faire du mal pour les récupérer. Ils sont donc une garantie que vous avez à être protégées contre les regards envieux.

- Si ces bons ne sont pas échangeables, comment pourrons-nous nous approvisionner ?
- Vous ferrez la liste de vos besoins et contre ces bons, j'utiliserai l'argent que j'ai dans mes caisses pour acheter pour vous ce que vous voudrez. Mais vous paierai mes services puisque je prends les risques à votre place.

Les filles qu'il entretenait, ignorantes de la ville et du domaine qu'elles embrassaient, acceptèrent le mode de paiement sans la moindre crainte d'être abusées. Elles faisaient totalement confiance à Trompenous, fils de la région d'où elles sont originaires. Il est intervenu personnellement auprès de leurs parents afin que ces derniers acceptent de se départir des nombreux services qu'elles rendaient dans les plantations familiales. Pour elles, se défaire des travaux champêtres était assimilable à prendre sa liberté. Aussi, le rêve que Trompenous a suscité de les aider à vivre dans la prospérité confortait encore leur espoir.

Pourtant, l'homme sur qui l'avenir gagnait un sens prenait une rémunération insoupçonnable auprès de Violentine. Il lui a donc livré ces filles pour lesquelles elle fabriquait les bons et en fixait la valeur. Chaque fin de semaine, Trompenous venait en ville faire des achats contre des bons dont la valeur accordait à Violentine une marge de profit exorbitant.

Il vint un jour où le gouvernement annonça une hausse des prix sur le marché. Cela impliqua forcément une baisse de la valeur des bons. La proxénète fit à nouveau réunir les filles puis Trompenous leur expliqua la situation. Il leur parla cette fois-ci avec si grande autorité qu'elles crurent qu'il détenait un certain pouvoir à côté de Violentine. Trompenous leur apprit qu'il allait ouvrir une boutique au sein de la maison. Les filles pouvaient s'y approvisionner. Cependant, la boutique devait appartenir à Violentine pour qui l'homme servait d'écran. Derrière la couverture que lui offrait Trompenous, elle abusait de l'ignorance de ces filles en élevant le prix de ses marchandises au-dessus de ceux du marché extérieur à la demeure.

Une autre proxénète non loin de là faisait de la concurrence à Violentine. Ses filles étaient plus belles et procuraient plus de joie aux hommes. Eventuellement, Violentine perdit de son marché puis sentit le besoin de s'associer à sa rivale. Dans ce genre d'association, celle qui dirige est en général celle qui apporte plus de capitaux.

Violentine fit réunir ses filles et ce fut à nouveau une dévaluation des bons, cette fois dans le but de recueillir les capitaux nécessaires. Comme cela ne suffisait pas, Trompenous demande aux filles de faire un jardin potager derrière la maison où s'étendait une cour gigantesque. Cette innovation devait prendre le sens de diversification des activités au cas où l'alliance avec l'autre s'avérerait erronée.

Pour encourager les filles à cette nouvelle activité, Violentine entreprit de les faire payer honorablement. Mieux, la proxénète fit promettre une assurance à ses filles. Sur chaque production, Trompenous devait retenir trente pour cent des salaires afin de les déposer dans une caisse spéciale dite caisse de réserve. Cette caisse devint le fondement de l'assurance et Violentine se dit alors prête à leur concéder désormais des prêts en cas de difficulté. Puisque leur salaire sur les potagers est lié à leur performance, les filles durent travailler rudement pour survivre. En une année, elles produisent au-delà des attentes de leur employeur.

Ce que les filles ne savaient pas, est que le marché répond à la loi de l'offre et de la demande. Plus il y avait de leurs produits sur le marché, moins ils gagnaient en valeur. Il s'ensuivit que Trompenous vint leur annoncer que les acheteurs ne pouvaient plus accepter les prix des marchandises tels qu'ils étaient et qu'il y avait nécessité de les baisser. Les filles redoublèrent d'efforts. Cependant, elles ne faisaient que provoquer la baisse des prix au point où elles-mêmes ne pouvaient plus continuer. Pour éviter qu'elles ne réclament une part de leur assurance, Violentine anticipa en leur concédant des prêts. Cela fait, la valeur des bons baissa à nouveau. La caisse de réserve en devint insignifiante.

Plus tard, les filles notèrent que les bons étaient stables, mais que les produits dans la boutique avaient subitement connu une hausse de prix. Elles travaillaient sans relâche, mais leur vie restait la même.

Nahivette, la plus grande des filles réunit les autres en l'absence de Trompenous. Elle leur demanda de se joindre à elle pour exiger la hausse de leur salaire, la baisse des prix dans la boutique et la hausse des prix dans leur jardin. Les autres acceptèrent de la soutenir. A une rencontre avec

Trompenous, elles lui firent part de leurs revendications. L'homme visiblement pris au dépourvu, conseilla la patience avant de s'en aller transmettre leurs préoccupations à la proxénète. Celle-ci s'y opposa catégoriquement. D'ailleurs, elle menaça de lui ôter les pouvoirs qu'elle lui avait confiés. Elle se dit toutefois prête à accorder d'autres prêts aux filles et à échelonner ceux déjà concédés. Nahivette, désormais porte-parole du groupe refusa ces propositions.

La rencontre avec Trompenous fut houleuse. Et depuis, les filles changèrent de comportement. Elles abrogèrent les allures courtoises et élégantes. Elles ne souriaient plus aux clients et travaillaient de manière désinvolte. Elles n'offraient plus aucune attention aux jardins. Cette attitude inquiéta Violentine qui eut peur surtout quant à la prospérité de ses affaires.

Pour elle, Nahivette était la cause du boycottage dans la maison. Elle lui opposa l'étiquette de rebelle et pensa qu'il fallait l'éliminer. Cependant, cette fille est non seulement endurante et assidue, mais aussi, elle est au nœud de la réussite de Violentine. Elle est la plus belle du groupe et les autres n'écoutent plus qu'elle. Si elle la tue, elle perd complètement ces atouts qui font son succès. Par ailleurs, si elle la remercie, ils sont nombreux ces hommes et ces femmes concurrents qui la récupéreront.

Après avoir réfléchi, Violentine décida de handicaper Nahivette. Elle pensa qu'il ne fallait pas la défigurer, mais qu'il fallait lui infliger un mal qui devait nécessiter une attention constante. Violentine pensa surtout qu'il fallait se garder de guérir ce mal. Elle réfléchit minutieusement à la manigance, car elle ne voulait pas que la fille la soupçonne. Elle engagea un mercenaire pour accomplir son dessein.

Un jour, Trompenous sur les instructions de Violentine envoie Nahivette faire des courses sur une voie aux contours ombrageux. Au même moment, Violentine instruit le mercenaire de lui tendre un guet-apens. Ce dernier alla se camoufler dans les buissons. Au retour de Nahivette, le mercenaire lui lança une flèche empoisonnée d'une substance qui devait faire la volonté de Violentine. Cela fait dans l'obscurité et la discrétion, cette dernière viendra plus tard maintenir Nahivette en vie pour sauvegarder ses intérêts. Elle lui apportera son assistance constante et Nahivette devant la grâce de la proxénète se soumet à jamais… »

Après leur avoir présenté cette histoire en guise d'illustration d'un univers moyiste, Diley invite Tonissia et ses compagnons à en sortir les principaux facteurs d'aliénation. Ils n'ont aucune peine à relever les bons et le jeu que Violentine opère en fonction des inflations économiques comme participant de mécanismes d'aliénation. Elle aliène les moyens de l'échange en créant un sous-ensemble monétaire. « Cette pratique permet au moyiste de manipuler les termes de l'échange pour faire porter aux peuples dont il veut la subordination le poids de ses difficultés économiques. » Ainsi, Diley leur expliqua le rôle que jouent les bons de Violentine dans ses relations avec Nahivette et les autres filles. « Evidemment, » continua-t-il, « la manipulation des termes de l'échange par le moyiste peut prendre d'autres formes, mais cette histoire n'est pas faite pour en énumérer toutes les formes. D'ailleurs, je ne saurais prétendre le faire exhaustivement. L'auteur voulait présenter une crise morale à travers Violentine et Trompenous. Il voulait montrer comment être soi-même aliéné peut susciter une attitude moyiste. » Diley arbore un regard inquisiteur comme pour demander aux autres s'ils avaient compris cet aspect de l'histoire de la proxénète. Ses visiteurs le rassurent et obtiennent la latitude de continuer l'exercice.

Ils font remarquer que Violentine est aliénée par la pauvreté qu'elle vit avant de rencontrer les filles. La pauvreté est donc un facteur d'aliénation. C'est d'ailleurs la pauvreté qui conduit Nahivette et les autres filles dans l'univers de Violentine et Trompenous.

L'histoire de la proxénète permet aussi aux visiteurs de comprendre que l'aliénation des moyens de l'échange participe des mécanismes de destruction psychologique. Ici, en introduisant les bons dans son univers, Violentine rend les filles dépendantes d'elle. Elles n'ont rien sans ses bons. Même quand elles les possèdent, elles ne peuvent rien en faire sans Violentine qui elle profite énormément de la confiance que ces filles placent en Trompenous. Quant à lui, il permet à Violentine d'échapper à la vigilance de Nahivette et des autres. Il joue un rôle qui s'apparente à celui du moyiste local.

Tonissia et ses compagnons relèvent une autre cause de dépendance dans l'histoire de la proxénète et la font savoir à Diley : « Elle les approvisionne de tout et fait en sorte qu'elles dépendent exclusivement de son approvisionnement. Il semble qu'elle veuille tuer tout sens de créativité et d'indépendance chez Nahivette et les autres. » Firent-ils à l'homme qui acquiesça et ajouta : « Lorsque l'homme reçoit tout de l'autre, il ne peut avoir de lui qu'une obéissance infantile, un respect exagéré et anéantissant de sa propre personne, puisqu'en même temps, il ne se construit pas, l'autre le construit. L'homme remet ainsi son destin à l'autre qui peut en faire ce qu'il veut. Mais ces filles n'ayant pas librement choisi d'être dans l'univers de Violentine, il sera dit en ce qui les concerne que la proxénète leur arrache leur destin, elle les prive de choix, tente de les construire à son gré pour en obtenir une obéissance infantile. »

Diley encourage les autres à se pencher sur la suggestion que vivent les filles. Ces derniers font remarquer aussitôt qu'elle est essentiellement entretenue par leur ignorance et la naïveté qui favorisent la confiance qu'elles placent en Trompenous. Diley s'accorde à leur remarque puis leur explique que « la forme de l'approvisionnement, la manière de leur annoncer le mode de payement, l'utilisation du mercenaire, l'empoisonnement et l'assistance à Nahivette sont tous des moyens de suggestion qui contribuent à aliéner les filles. »

Diley invite les visiteurs à voir si cette histoire peut être projetée à leur propre vécu. Tonissia lui répond : « Les relations entre la métropole et nous sont marquées d'un approvisionnement quasi-unilatéral. Tout vient d'elle au point où les populations croient qu'il n'y a plus d'effort à faire puisque tout semble déjà fait pour nous. »

L'histoire de la proxénète confirme aux visiteurs que le moyisme œuvre à l'assujettissement et à la destruction d'autrui. Simultanément, elle leur dévoile qu'il arrive toujours un moment où comme Nahivette le montre si bien, les autres prennent conscience de leur état de dominés et tentent de conquérir leur liberté. Lorsque le moyiste sent la prise de conscience chez les autres, il adapte ses outils au changement opéré par eux. Il le fait avec l'intention de les corrompre davantage et de les rendre plus dépendants. Au besoin, ils sont anéantis comme Nahivette avec l'assurance qu'ils ne peuvent dépendre que de son assistance.

Les visiteurs perçoivent ici un conflit d'intérêt et le Zouglou leur enseigne que ce conflit est permanent entre le moyiste et les autres. Il est la cause de l'émergence régulière des concepts sociaux qui gouvernent là où le moyisme a son emprise. Car, dans leur prise de conscience, les autres développent des idées en vu d'améliorer la condition humaine. Le moyiste à son tour, en accord avec son entendement et contre cette démarche, développera des concepts dans la même optique. Chaque concept n'a d'enjeu que la défense des intérêts des instigateurs, eux et ou le groupe social dont ils se proclament. Mais alors, le moyiste dans son ambition hégémonique a corrompu tous les moyens de communication et d'accès aux masses les plus efficients. Conséquemment, il parvient à étouffer les idées qui émanent des autres. Cette réalité fait des sociétés guidées par les idéologies du moyiste dans ses seuls intérêts. Ainsi, les concepts qu'il crée dominent et jalonnent la vie des autres.

Dans l'élaboration d'un nouveau concept ou dans l'amélioration du précédent, le moyiste scrute le passé pour y retrouver les brèches qui ont pu conduire à la prise de conscience chez les autres. Le nouveau concept qui deviendra le paradigme social est conçu en éliminant ces brèches pour une exploitation plus élaborée. Il est toujours précédé des structures et des infrastructures qui permettent aux superstructures, propriétés du moyiste, de contrôler les orientations là où il a son emprise.

A la fin de cet exercice, Diley demande aux visiteurs de retenir cette histoire, car en plus de présenter un univers moyiste, elle peut permettre de comprendre les accords monétaires exclusifs et l'impact des ajustements structurels qui limitent la lecture du bien-être social à la croissance du produit national brut. Il les invite maintenant à voir les méthodes d'installation du moyiste local.

## Chapitre 8

## INSTALLATION DU MOYISTE LOCAL

L'exercice concernant la proxénète a permis aux visiteurs de découvrir un type d'univers moyiste et comment dans cet univers le moyiste s'assure que l'ignorance de l'autre est abusée. Il leur a surtout révélé le caractère perfide du moyisme et le cynisme avec lequel il peut être auteur du malheur d'autrui et se présenter comme celui qui a le plus de compassion pour sa victime. Cet exercice fait apparaître à leurs yeux un comportement qui s'apparente à de l'obscurantisme. La proxénète entretient l'ignorance de Nahivette et celle de ses amis afin de les maintenir prisonnières de son univers. Pire, elle handicape celle des filles qui est de loin la plus éveillée afin de limiter ses mouvements et sa capacité de s'affranchir. Le tout se déroule dans un environnement transactionnel où les devises levées par ces filles sont retenues par Violentine en échange de bons qui n'ont aucune valeur en dehors de leur espace. Même dans cet espace, les bons que Violentine dispense n'ont de valeur que son gré.

Après avoir tiré des leçons de l'histoire de la proxénète, les visiteurs poursuivent leur investigation de la crise que vit leur société. A présent, leur objectif est de mieux s'instruire de la procédure d'installation et du rôle du moyiste local. Pour cerner ces deux aspects du moyisme, Diley leur propose un passage des écrits d'un historien, Jugudah Bakroni qui s'intéresse aux méthodes de domination perpétuelle dans un livre intitulé « Perpétuité ».

Un passage de l'ouvrage de Bakroni résume ces méthodes à l'aide du récit d'une expédition militaire. Il peut y être lu ceci : « D'une colline, nos hommes les voyaient s'agiter. Ils consacrèrent alors une attention particulière à ceux-là qui semblaient les plus hostiles... C'est alors qu'ils tirèrent par rafales sur eux, puis en pendirent quelques-uns. Nos soldats devaient se montrer farouches et sans pitié envers les caïds. C'est ce qu'ils firent brillamment. L'issue de cette expédition est simple. Le traitement réservé à ceux qui s'agitaient le plus a donné à réfléchir aux autres. Ils se résignèrent tout simplement et devinrent des espèces dévolues. Comme prévu, nous nous sommes entourés de celles les plus dévolues. Au début, elles tremblaient de peur. Nous avons dû les mettre en confiance. Pour cela, nous avons soigné attentivement les blessés, distribué quelques vêtements et nous nous sommes occupés des malades. Ce qui a marché le plus, c'est le sourire mesuré que nous nous sommes accordés à leur donner de temps à autre. En somme, nous nous sommes employés de diverses manières à les mettre en confiance. Nous les avons même associés à certaines tâches en équipe avec nous. Tous les moyens étaient bons, car de leur confiance dépendait la suite de notre expédition et la réussite de notre pays sur ce territoire. Les instructions de nos dirigeants étaient claires. Après l'étape de choc, il fallait passer à autre chose. Nous devions les former afin qu'elles puissent accomplir des tâches administratives simples sans enfreindre à notre autorité, surtout pas à celle de notre pays. L'idée était qu'il fallait en extraire des individus qui allaient les diriger localement et nous rendre compte sans faille. Il était convenu que trouver des dirigeants locaux allait rendre notre mission un peu plus facile. Aussi, cela devait nous rendre plus utiles dans l'exploration en profondeur des richesses minières de ce territoire. Il y avait des objectifs économiques et stratégiques à atteindre dans l'émanation d'une classe dirigeante locale et soumise à notre Etat. Puisque de toute évidence, tous ne pouvaient pas être permis de diriger, nous devions sélectionner attentivement les plus malléables. C'est ce que nous avons fait… »

Diley demande aux visiteurs de sortir de ce passage de « Perpétuité », les différentes étapes qui accouchent du moyiste local. Ils lisent le document à nouveau puis s'accordent quelques minutes de réflexion après lesquelles ils observent que la procédure d'installation du moyiste local se fait en quatre étapes. Tonissia présente ces étapes : « La première étape est caractérisée par la violence. La deuxième étape se confond légèrement à la première, mais s'en distingue pour marquer le conditionnement des mentalités. La troisième étape est celle où le moyiste opère un choix. Il sélectionne. Dans la quatrième étape, ceux qui sont sélectionnés sont installés à la tète des autres. »

Diley invite Tonissia à s'intéresser à l'objectif de chacune de ces étapes en tenant compte de l'exposé qu'il avait donné sur le moyisme. Pour cet exercice, le visiteur démontre qu'il comprend bien et qu'il peut disséquer les différentes étapes d'installation du moyiste local. « La première étape, » fit-il, « a pour objectif de faire peur et l'imposer par la force. Elle est marquée par l'élimination de toute résistance par la violence. La violence précède l'étape du conditionnement des mentalités afin de faire des hommes et des femmes à l'image du moyiste offensif. Ceux-là participent à la prospérité matérielle de ce dernier et s'anéantissent psychologiquement. Leur anéantissement a pour trait caractéristique des 'espèces dévolues' à l'intérieur d'une crise entretenue par la corruption ou la passivité. Désormais, consciemment ou inconsciemment, ils ne devront travailler qu'à la sauvegarde des intérêts économiques, politiques et sociaux du moyiste offensif. C'est ici que s'achève la deuxième étape qui est renforcée par celles qui suivent. La troisième étape est là où le moyiste opère le choix de ceux qui reflètent le plus son image. Après elle, vient celle de leur installation à la tête de leurs congénères pour assurer la pérennisation de l'image reflétée. »

Diley, convaincu que les nouveaux adeptes du Zouglou comprennent le moyisme, leur dit ceci : « Vous conviendrez avec moi que si l'installation du moyiste local se fait nécessairement à la tête de ses congénères, il est impératif pour le comprendre de se rapporter à la vie de son pays et surtout à celle de ses dirigeants pour voir s'il y existe. Je vous invite maintenant à cela dans la suite de nos travaux. Je propose que vous racontiez ce que vous savez de la colonisation de votre pays. »

Les visiteurs acceptent la proposition de Diley et chargent Tonissia de présenter la colonisation sur leur territoire. Ce dernier commence par dire que « [...] La Krass établit son contrôle d'une partie de la Fidougou. Elle la nomme Krass Etendue en Fidougou (KEF). Les territoires de la KEF dont faisait partie l'actuelle Nigloye, sont administrés par une succession d'officiers de son armée. Avant l'installation de ces administrateurs militaires, le président et le gouvernement de ce pays se réunissent pour planifier leurs actions et définir le rôle de ceux qui allaient aider à garder la KEF sous son joug. Les conclusions de cette assemblée sont libellées comme suit : 'Nous affirmons la grandeur et la supériorité de notre civilisation sur ce territoire. Nous décrétons qu'à partir de ce jour, il porte le nom de Krass Etendue en Fidougou. Nous donnons instruction pour que tout soit mis en œuvre afin que la Krass Etendue en Fidougou contribue de manière effective et exclusive au succès de notre économie. Cette assemblée décide de la création d'un ministère chargé de la gestion des colonies et des relations entre les colonies et l'Etat. Ce ministère se nomme Ministère de la Krass Etendue. Pour accompagner ce ministère dans sa mission, cette assemblée nomme avec effet immédiat, les officiers les plus compétents de notre armée. Cette assemblée confie aux officiers nommés, l'administration de la Krass Etendue en Fidougou. Ces officiers sont responsables devant le ministère de la Krass Etendue. Leur rôle consiste à pacifier dans un délai bref ce territoire, éteindre toute poche de contestation et de résistance, utiliser tous les moyens y compris la force dans l'exercice de leur fonction, établir leur autorité et celle de la Krass sur les autorités traditionnelles, les rois, les chefs coutumiers et leur population sans exception aucune. A cet effet, cette assemblée décrète la tranquillisation armée. Par la tranquillisation armée, nous entendons rendre les populations de la Krass Etendue en Fidougou réceptives, obéissantes et soumises à l'autorité krassienne. La tranquillisation armée doit aboutir à l'identification de ceux qui sont favorables à notre présence en Fidougou. Elle doit faciliter leur formation et leur intégration progressive dans l'administration locale établie par la Krass. La tranquillisation militaire prend en charge les enfants proches ou de la lignés des autorités traditionnelles qui auront perdues leur pouvoir contre celui de la Krass. Ces enfants, mais surtout ceux dont les parents auront accepté et aidé à faciliter notre présence en Krass Etendue doivent recevoir une éducation particulière afin de les initier à notre culture et à notre mode de vie. L'administration militaire est chargée de les suivre et d'être plus indulgente à leur endroit. Il est à retenir que selon les traditions locales, certains de ces enfants font figure d'autorité devant les autres. Leur adhésion à l'autorité de la Krass peut faciliter celle des autres…'

A l'issue de cette assemblée, la Krass déploie en Fidougou de nombreux gouverneurs issus de son armée. Dès leur arrivée, ils commencent la première étape du processus qui doit garantir son emprise effective sur les populations de la Krass Etendue. Ils mettent en pratique la politique de tranquillisation armée qui se caractérise par l'utilisation de ses soldats pour l'imposer aux peuples nouvellement tombés sous son contrôle. La tranquillisation armée dans la pratique n'est rien d'autre que du terrorisme étatique. C'est une politique de la violence systématique. Elle est constituée essentiellement de négation de tout droit, de séquestration, de meurtre, d'assassinat, de viol et de génocide.

L'objectif primordial visé dans la tranquillisation, comme nous venons de le voir, est de terroriser et de contraindre les populations à participer à l'expansion de la politique, de la culture et de l'économie du colonisateur. Par cette politique, il est attendu des populations qu'elles deviennent malléables. Il est surtout attendu que la crainte de l'épouvantable suscité altère leur raison et leur volonté. Cette altération a pour but de conduire ces populations à se détourner de leur quotidien ordinaire et à ne plus vivre pour elles-mêmes. Dorénavant, leur vie devra s'organiser autour de la satisfaction des besoins du colonisateur. Ces populations devront servir son économie et pourvoir son industrie de matières premières. »

Tonissia mit une pause avant de reprendre : « Je dois vous dire que le sous-sol de la Krass n'est pas généreux. Pourtant, elle a choisi un modèle de développement économique dont le succès dépend de la richesse du sol et du sous-sol. Une telle approche peut conduire à la convoitise quand la nature envers soi se montre avare. Car il faut le génie des Dogons pour pénétrer dans les confins de l'univers sans télescope. »

A ce niveau de sa présentation, Diley demande la parole à Tonissia. Il désire faire une révélation concernant son propre pays. Avec la permission du visiteur, il s'exprime : « Quand vous racontez votre histoire, j'ai l'impression de me retrouver chez moi. Ce que vous dites est exactement ce que nous avons vécu. La seule différence est que chez nous le colonisateur a créé la pacification militaire. » Diley profite du moment qui lui est accordé pour demander à Tonissia ceci : « Pendant que nous y sommes, peux-tu nous dire s'il y a eu dans la démarche de votre colonisateur une tentative de vous faire à l'image de ses citoyens ? »

- Je dirais plutôt à une image inachevée. Répondit Tonissia
- Que veux-tu dire par là ? Demanda Diley.
- Voyez-vous, nous avons été forcés à apprendre et parler sa langue. Beaucoup de choses sont faites comme là-bas. Notre société est une réplique partielle de sa société. En fait, nous comprenons maintenant qu'il existe un autre objectif dans la politique de ce territoire sur nos populations. Cet objectif est beaucoup plus raffiné que la barbarie de son armée et la confiscation de nos ressources au biais de la perfidie. Quoique nous ne banalisions pas ces crimes, nous retenons qu'ils ne représentent que la face visible de l'iceberg. Car en fait, tout le stratagème employé par le colonisateur consiste à nous rapprocher des besoins matériels de ses citoyens et par ricochet nous rendre consommateurs de ses produits en nous faisant vivre la suggestion de l'épouvantable. Pour y parvenir, une politique assimilationniste accompagne parallèlement la tranquillisation armée. Cette politique a contribué au façonnement des populations de sorte qu'elles sont aujourd'hui un reflet de la sienne. Je parle d'image inachevée parce que le reflet en question est comparable à une vue d'un miroir endommagé. Dans le fond, l'assimilation a permis de conduire les populations dans son environnement économique sans les y impliquer totalement. C'est exactement comme Violentine le fit pour les filles dans l'exercice passé. Mais dans la colonisation

dont je parle, l'assimilation a aussi servi à diffuser de manière superficielle la culture et le savoir-vivre de la société du colonisateur. Cependant, elle a par nécessité occulté le savoir-faire. C'est pourquoi, je partage l'avis selon lequel la colonisation comme le moyisme est de l'obscurantisme.

Après ces révélations, Tonissia continue. Il fait savoir que dans son pays, au lendemain de son annexion à l'économie du colonisateur, les populations sont amenées à abandonner leurs travaux habituels pour participer à l'exploitation du bois. Des milliers d'hommes et de femmes conditionnés par la suggestion de l'épouvantable se voient condamnés à la besogne forestière, au sciage et à l'alimentation des scieries.

Encore une fois, Diley intervient. Il veut comprendre comment la subjugation d'un si grand territoire a été possible. A cette question, Tonissia répond que pour comprendre cet état de fait, il faut tenir compte de plusieurs circonstances historiques et démographiques. « Ce qu'il faut comprendre d'abord est que notre continent est régulièrement attaqué par des forces étrangères. Il peut être attaqué de manière successive par différentes forces, comme il lui arrive d'être attaqué simultanément par plusieurs forces étrangères. Ces agressions répétées ont créé d'autres problèmes : des peuples du continent n'ont jamais eu le temps de se sédentariser. Ce sont donc des peuples en mouvement permanent. Le mouvement permanent de certains, leur vaut l'appellation de nomade. Quant aux autres, ils se retrouvent à squatter aux abords des frontières des Etats constitués dans l'espoir d'être reconnus et acceptés. Car aucun peuple n'a vocation à rester nomade. Le désir de sédentarisation qu'ils nourrissent est abusé par ceux qui attaquent le continent. Ces forces étrangères utilisent certains en leur promettant comme récompense des pans de territoires conquis. Hélas, pour eux, cette promesse n'est jamais tenue, puisque leur sédentarisation implique la fin des services qu'ils rendent aux envahisseurs. Ainsi, la configuration démographique de notre continent même joue en faveur de ses agresseurs. Cela, depuis la lune des temps.

En outre, les sociétés qui ont réussi à se sédentariser ici et à se réorganiser après les attaques initiales ont été confrontées très tôt au phénomène de l'esclavage. Ce phénomène est marqué par la présence sur l'entièreté de notre continent de plusieurs armées concurrentes et de mercenaires de tout genre. Ils capturaient des hommes et des femmes qu'ils pacquaient sur des bateaux pour les conduire dans les autres continents afin qu'ils servent de main d'œuvre gratuite. Ce phénomène a réveillé le caractère esclavagiste de certains royaumes qui pratiquaient déjà l'esclavage chez nous, qui pour augmenter sa main d'œuvre et qui pour immoler l'esclave afin qu'il serve la royauté dans l'au-delà. Pour ces royaumes, l'esclavage tel que convoyé par les armées étrangères était une aubaine pour s'enrichir. Ils échangèrent leurs esclaves contre des biens. Quand ils n'en avaient plus, ils allaient chercher des hommes et des femmes à soumettre. Pour ne pas être long, je dirai que le phénomène de l'esclavage a vidé le continent d'une bonne portion de sa population. En somme, la Fidougou n'a jamais connu de paix depuis que les autres sociétés se sont découvert une puissance. Cela dit, le continent était pratiquement vide au moment des velléités coloniales. Il était donc vulnérable. Par exemple, il y avait des contrées dans lesquelles on ne comptait pas plus de 4 personnes au kilomètre carré.

En-dehors de la faible démographie, Il y a la question de l'armée qui mérite une attention spéciale. Nos armées étaient et sont encore très en retard technologiquement sur les autres. Les colonisateurs ont trouvé des territoires sans défense réelle. Les populations ne manquaient pas de courage. Mais elles n'avaient pas d'armée conséquente. Nos armées étaient inférieures non seulement en nombre, mais aussi en instrument de guerre. Car, malgré toutes les attaques vécues auparavant, aucune leçon n'a été tirée. Le développement en armement est légué à la périphérie des priorités. De même, le recrutement d'un personnel à la mesure des menaces régulières est classé au dernier rang des préoccupations. Tout compte fait, notre continent s'est toujours retrouvé sur la défensive. Aucun peuple ici n'a jamais cherché les moyens capables de faire chez les autres, les dégâts qu'ils font chez nous.

Aussi, quand on parle de notre continent et de la colonisation, il faut faire la part des choses pour ne pas succomber aux amalgames divulgués dans certains milieux. Ce n'est ni un Etat, ni un territoire habité par une entité constituée de manière opaque. Il s'agit d'un continent très vaste qui est habité par plusieurs entités dont le lien de l'une à l'autre n'est pas toujours solide. Même s'il y a lieu de reconnaître qu'en général, les traditions sont proches d'un point à l'autre, il est important de noter que les peuples et les cultures peuvent être très différents. Par exemple, deux groupes peuvent partager le même espace sans parler la même langue. Ils peuvent se côtoyer sans avoir la même culture de la langue, de la cuisine, du travail et de l'éducation. Cependant, ces deux groupes peuvent pratiquer tous la circoncision pour les mêmes raisons. Dans un tel contexte, il est facile de subjuguer l'ensemble en subjuguant les entités l'une après l'autre, surtout quand elles sont en nombre faibles et vivent séparées par des barrières linguistiques. Voilà quelques-uns des facteurs qui ont facilité l'entreprise coloniale en Fidougou. Ce sont aussi des facteurs, qui s'ils sont pris en compte, permettront de contribuer au développement de ce continent sans la crainte d'être subjugué. » Fit Tonissia pour fermer cette parenthèse.

Il revient alors sur l'entreprise coloniale. Il présente à ses visiteurs certaines actions qui ont marqué cette époque. Il leur révèle que leur colonisateur pratiquait le travail forcé. C'est un instrument économique qui s'apparente à l'esclavage et dans lequel le travailleur est forcé d'exécuter ses tâches sans être payé. Avant le travail forcé, le colonisateur collectait des impôts. Dans la collecte des impôts, chaque gouverneur faisait selon son vouloir.

Diley demande encore la parole pour interroger Tonissia sur les raisons qui expliquent la démarche de leur colonisateur. « Pourquoi d'abord les impôts et après le travail forcé ? » Demanda-t-il.

- La collecte des impôts ne devait sûrement pas suffire pour permettre au colonisateur d'atteindre les objectifs financiers prévus. Répondit Tonissia à Diley qui tentait par cette question de l'amener à voir que le colonisateur travaille toujours par étape. Ce sont des étapes bien planifiées qui sont exécutées par crescendo.

Diley explique cette démarche : « Comme je vous l'ai déjà fait savoir, nous avons connu la colonisation chez nous. D'ailleurs, elle continue encore sous d'autres formes. La collecte des impôts sur nos territoires est un des héritages historiques que la France traîne encore dans ses relations avec nous. Cet héritage est un lègue de l'empire romain. Les Romains dans leur expansion territoriale exigeaient un impôt aux territoires vassaux. C'est d'ailleurs l'exigence de ces impôts qui est à l'origine des massacres les plus ignobles à Jérusalem au premier siècle de notre ère. Les Judéens ne voulant pas se soumettre aux impôts ont subi l'un des plus grands massacres d'antan. La France étant fille de l'empire Gallo-Romain comme la plupart des expansionnistes de notre planète, elle a hérité et conservé des méthodes de cet empire. L'imposition sert à faire des revenus certes, mais elle est surtout pour s'assurer du degré de soumission des populations. Elle sert aussi à voir si ces populations sont encore loyales à leurs autorités traditionnelles ou à l'empire. Elle permet de juger de la loyauté de ces autorités elles-mêmes vis-à-vis de l'envahisseur. Une fois rassuré de la loyauté des autorités traditionnelles et de la soumission des populations, l'envahisseur passe à un niveau plus élevé de l'exploitation. Le travail forcé dont tu parles se situe à ce niveau d'exploitation. Cependant, le travail forcé n'est pas fait pour éliminer l'impôt.

L'imposition demeure. Elle se métamorphose au fil du temps dans le système économique et financier établi selon qu'il convienne à la politique expansionniste. D'où, toute exaction économique et financière dont l'envahisseur se rend coupable dans l'évolution de ses relations avec les autres s'inscrit dans la continuité de ces impôts prélevés initialement. »

Tonissia prend note avant de continuer. Il dit : « Etant donné que le caractère inachevé de la citoyenneté des colonisés doit être absolument préservé en leur cachant entre autres son savoir-faire, le colonisateur récupère le bois et l'éloigne d'eux. Il le transforme en divers produits. Certains de ces produits sont convoyés et vendus en territoire colonisé. »

Tonissia informe ses hôtes qu'avec le temps, d'autres cultures se développent parallèlement au bois. Ces cultures font très vite montre d'une plus grande rentabilité économique. Les populations y sont conduites de la même manière qu'elles le furent pour l'exploitation du bois. Cette fois-ci, l'intérêt commercial est jugé si grand que l'on laisse expressément des autochtones avoir leur propre plantation à côté de celles des ressortissants de la Krass. Le but de cette concession est d'encourager une plus grande productivité. Mais en plus d'améliorer la productivité, il en résulte l'émergence de riches planteurs locaux. Ces derniers rivalisent avec les planteurs de la métropole et profitent comme eux du travail forcé. La combinaison de la production des colons avec celle des quelques privilégiés autochtones porte la récolte à une quantité au-dessus de toutes les attentes.

Cependant, une crise économique très grave menace l'économie du colonisateur. Cette crise conduit à la dévaluation de sa monnaie. Pour y répondre, la métropole se rabat sur ses colonies. Elle suscite conséquemment un système discriminatoire beaucoup plus rude tandis que les rumeurs d'une guerre dite des Ours Polaires se font de plus en plus audibles. Ces rumeurs finissent par se confirmer et la Krass rentre en guerre. Pendant cette période de guerre, elle supprime aux planteurs autochtones le droit de recruter la main d'œuvre gratuite et manipule les prix des produits pour faire plus de gains. Elle impose à leurs marchandises une valeur en dessous de celle accordée à ses ressortissants. Enfin, à l'intérieur du système discriminatoire, l'administration militaire exige que tout le monde, y compris les privilégiés, travaillent fortuitement selon un calendrier qu'elle a établi.

En fait, les colonies devaient participer à l'effort de guerre, car depuis maintenant trois ans, le territoire du colonisateur est occupé par une autre nation. Cette nation le soumet à des exigences militaires et monétaires qui étranglent son économie. D'où ces planteurs qui se croyaient à l'abri des abus du colonisateur sont désillusionnés. Complètement humiliés, ils sont obligés de lutter pour modifier leur nouvelle condition. Car le prestige qu'ils ont acquis et leurs intérêts exigent qu'ils se dressent contre la politique de discrimination engendrée par la métropole. Pour ce faire, ils mettent sur pied un mouvement corporatiste, la Coopérative des Planteurs Fidenis (CPF). Ils utiliseront cet instrument de lutte pour obtenir l'abolition du travail forcé.

Diley interpelle Tonissia sur ce point de leur histoire pour faire la réflexion suivante : « Je vois dans ce mouvement corporatiste une métamorphose significative chez vos planteurs. Quels qu'en soient les objectifs, les méthodes et les raisons, il est indéniable que les initiateurs ont fini par acquérir des caractères du colonisateur. »

- Qu'est-ce qui te le fait dire ? Demanda Tonissia.
- Je le dis parce que vous m'avez déjà parlé de ces planteurs. N'est-ce pas qu'ils faisaient tous parti d'un autre mouvement qui lui avait été créé par les colons ? C'est alors auprès de ces derniers qu'ils s'initient à l'organisation autour d'intérêts corporatistes. Leur mouvement présente des signes de transformation à l'image de l'autre et me fait penser que nous avons ici de manière concrète les conséquences lointaines de la tranquillisation armée. Je parie aussi que la majorité des principaux animateurs de ce mouvement corporatiste de planteurs sont proches ou de la lignée des rois et chefs coutumiers qui ont fait allégeance au colonisateur. Le privilège et la tolérance dont ils sont l'objet étaient planifiés à dessein. Leur mouvement offre alors au colonisateur certaines des conditions nécessaires pour entamer les autres étapes du processus de colonisation.
- C'est vrai. La majorité des leaders de ce mouvement sont de la lignée de chefs coutumiers et de rois qui ont fait allégeance, et même aidé les colons dans l'affermissement de l'entreprise coloniale. D'ailleurs, les quelques leaders qui ne répondaient pas à ce profile, de même que ceux qui se montraient très radicaux ont été vite éliminés.

Tonissia révèle à ses hôtes que le mouvement des planteurs faisait de l'exclusion au sein de la communauté d'agriculteurs. Ses membres n'étaient pas sujets au travail forcé. Mais aussi, ne pouvaient adhérer à ce mouvement que les grands producteurs, ceux qui avaient plusieurs hectares en production. Par conséquent, les petits planteurs demeuraient sujets au travail forcé. En plus de l'exclusion au sein de la communauté d'agriculteurs, Tonissia apprend à ses hôtes que les membres de ce mouvement n'avaient au préalable aucune intention de s'impliquer dans les questions liées au travail forcé, car ils en tiraient profit. Ce n'est que lorsqu'ils ont vu leurs intérêts menacés par les nouvelles dispositions coloniales qu'ils se sont dressés contre le colon et ont ajouté à leur lutte l'abolition du travail forcé.

Tonissia porte son attention sur les membres créateurs de la Coopérative des Planteurs Fidenis. Ces hommes d'un statut particulier sont nommés à la tête de toutes les subdivisions du mouvement. Leur intérêt commercial les incline à faire montre d'un engagement sans précédent à la lutte. Certains sont même emprisonnés momentanément. De ce fait, ils obtiennent la confiance et l'adhésion de la majorité de leurs compatriotes en lutte pour la liberté et l'indépendance. Cependant, ces leaders n'ont dans le fond que deux préoccupations ; l'abolition du travail forcé et la compétition libre et égale dans le secteur agricole. D'ailleurs, ils adhèrent en majorité à des partis politiques chez le colonisateur. Ce faisant, ils participent aux contradictions idéologiques inhérentes à la colonisation. Dans cet engagement politique, certains se rendent coupables de trahison contre la lutte pour la liberté et l'indépendance. Ces derniers négocient le recouvrement de leurs intérêts commerciaux au détriment des autres revendications populaires. Ils promettent de soutenir le colonisateur au cas où celui-ci abolirait le travail forcé et rétablirait les dispositions commerciales telles qu'elles étaient auparavant. Dans les négociations, ces leaders exigent qu'il leur soit permis d'accéder directement au marché et aux équipements agricoles sans condition. Le colonisateur à son tour promet de leur accorder toutes leurs revendications. En revanche, il leur demande la suspension de leur engagement aux côtés des forces radicales du continent. Les négociations entre ces planteurs privilégiés et le colonisateur vont aboutir à leur divorce d'avec les mouvements radicaux et à l'assouplissement de leurs positions. En se fondant sur des arguments fallacieux, ils rejoignent les partis politiques proches des positions coloniales. Fort du résultat de ces négociations, le colonisateur abolit le travail forcé. D'ailleurs, il adopte de nouvelles dispositions coloniales.

Diley, qui suivait attentivement Tonissia, demande à ce dernier de s'étendre sur les raisons et les méthodes qui ont conduit le colonisateur à adopter de nouvelles dispositions. Ce dernier s'explique : « Nous sommes à la fin de la guerre des Ours Polaires. L'effort de guerre des Fidenis ne s'est pas limité aux labeurs gratuits sur leur continent. Ils ont été sollicités en grand nombre pour faire face aux assauts de l'ennemi. Cette vérité n'a pas échappé aux populations locales. Par conséquent, des mouvements naissent là-bas en faveur de notre combat. En outre, la crise née de l'occupation de son territoire et les bouleversements politiques qui en résultent conduisent à des tourments qui gênent ses gouvernants. » Fit Tonissia pour lui répondre. « Par ailleurs, » dit-il, « la République Fédérale d'Akpanis, une grande puissance militaire chez nous, s'engage ouvertement dans une politique étrangère contre les empires coloniaux qui empêchent sa participation effective à notre marché. Les Akpanis exigent l'ouverture des espaces commerciaux des colonies. Ils avaient déjà présenté à la Krass leur désir d'être économiquement présents dans ces espaces. C'est d'ailleurs l'une des conditions à leur participation à l'effort de guerre. Pourtant, elle avait énormément besoin de leur soutien. Aussi, elle comptait sur les Akpanis pour le règlement de sa crise économique elle-même. Tout ceci la contraignit d'accepter leurs exigences. Elle va plaider qu'un sursis d'un peu plus de trois décennies lui soit accordé. Ce temps, semble-t-il, devait être nécessaire pour rendre notre marché beaucoup plus fiable. Elle a tant et si bien présenté la cause que les Akpanis en furent flattés. Ils acceptèrent sa plaidoirie. Ils lui demandèrent seulement de présenter des signes prometteurs en indiquant qu'ils allaient être un peu plus virulents, une fois passées les décennies considérées. Ainsi, après la guerre des Ours Polaires, l'autorité coloniale est forcée à revoir sa politique de gestion de nos territoires. Elle va écourter la lutte en faisant miroiter un lendemain meilleur. Mais elle choisit plutôt d'établir un système d'exploitation plus sophistiqué. Ce système passe par un programme de développement qui est essentiellement marqué par la décentralisation du pouvoir et de l'administration coloniale. »

Tonissia explique que le développement colonial devait se faire dans un contexte économique et monétaire à même de soutenir sa monnaie. Quant à la décentralisation du pouvoir politique et administratif, elle devait prendre en compte la frange sociale dont le comportement et les intérêts reflètent au mieux ceux du colonisateur. En d'autres termes, Tonissia dira que « la Krass entreprend de propulser au devant des populations des moyistes locaux. » Il fera ensuite remarquer qu' « elle trouvera auprès de la coopérative des agriculteurs, le cadre propice au recrutement de ceux qui répondent au profil qu'elle recherchait. »

Un nombre considérable de responsables de ce mouvement remplissait les conditions requises dans la nouvelle approche coloniale. Ils étaient de grands planteurs ou exploitants agricoles doublés d'interlocuteurs auprès de la métropole. Ils parlaient la langue du colonisateur avec une éloquence sans précédent. Ils avaient pour la plupart déjà tissé des liens conséquents à l'intérieur des organisations qu'ils avaient en commun avec ses ressortissants. Leur intérêt commercial convenait aux ambitions de la métropole. Les fondements idéologiques – s'il y en avait – de leur lutte ne pouvaient pas l'inquiéter. Elle avait d'ailleurs pris le temps de bien mûrir les nouvelles dispositions d'exploitation en réponse à la convoitise des Akpanis. Elle pouvait donc parachever son programme de décentralisation du pouvoir en élaborant de nouvelles stratégies politiques. Au centre de ces stratégies, elle place ces leaders dont les intérêts et les préoccupations présageaient d'une incapacité à remettre en cause ses abus vis-à-vis de leur continent.

En effet, leur mouvement demandait l'abolition du travail forcé. Ils l'ont obtenu avant toute autre concession. Il voulait l'élimination du marché des intermédiaires. Désormais, en obtenant une portion du pouvoir du colonisateur, sa direction devient à la fois intermédiaire, mais en plus productrice et chargée d'organiser les autres. Il était préoccupé par la vente coopérative. Cette pratique devient facile. Enfin, toutes les revendications originelles de ce mouvement étaient satisfaites. Il ne pouvait pas demander mieux, surtout qu'en lui promettant son soutien, l'administration coloniale lui fait prendre une avance sur ses adversaires radicaux. Les plus radicaux de ces adversaires sont d'ailleurs assassinés pour faciliter le positionnement politique des planteurs corrompus, ces fils et neveux de rois et de chefs coutumiers dociles.

Tonissia révèle que le mouvement de ces planteurs n'était pas le seul sur le terrain de la lutte. En-dehors de ce mouvement, tout le continent était en ébullition. Des appels à l'union des forces pour combattre la colonisation et exiger l'indépendance sans condition fusaient de partout. Des rencontres à cet effet ont lieu dans un pays au nord de la Nigloye. Les membres du mouvement corporatiste des planteurs s'associent à ces rencontres dans leur démarche de reconquête des privilèges qu'ils avaient perdus. Leurs accointances avec les autres aboutissent à la création d'un parti politique de masse avec des branches dans tous les territoires de la Fidougou. Ils s'appuient sur la popularité de leur mouvement corporatiste pour recruter au profit de ce parti qui est d'ailleurs le premier et le seul à être autorisé chez eux. Les actions qu'impose la création d'une section de ce parti les sortent apparemment du cadre corporatiste pour les associer à des aspirations d'autodétermination d'envergure continentale. Avisé de leurs intérêts particuliers, le colonisateur fera appel à leur leader pour une négociation en catimini. C'est ici que la trahison a eu lieu. Une fois rassuré que le colonisateur allait rétablir leurs privilèges, ce leader s'est engagé à un jeu trouble qui a saboté les objectifs d'autodétermination que visait la majorité des populations. Il sera récompensé non seulement par le recouvrement de ses privilèges, mais aussi par un titre prestigieux d'abolitionniste. Sa trahison va causer de nombreuses défections à l'intérieur de son parti. Cependant, toutes les velléités nées de ces défections vont être étouffées par l'appareil colonial mis à sa disposition à l'insu de la masse.

Tonissia va alors circonscrire ce qui a conduit beaucoup de responsables de la Coopérative des Planteurs Fidenis à la politique aux intérêts personnels de ces derniers ; le succès matériel au biais de l'agriculture. La prospérité qu'ils en tirent fait qu'à leurs yeux, elle est le seul et unique moyen pour se développer individuellement, mais aussi collectivement. Dans les limites de cette vision, ils encouragent et sensibilisent inlassablement toutes les populations à s'investir corps et âme dans le domaine agricole. Ils deviennent les promoteurs principaux de produits naturels fortement demandés par les manufacturiers de la métropole. Flattés par les titres ronflants à eux attribués par le colonisateur, ils prêtent leurs populations à des clauses léonines qui lui permettent d'en disposer comme bon lui semble. Ils finirent par devenir les plus grands producteurs de produits dont la particularité est de ne pas répondre à la consommation intérieure. Ils importent tout, y compris les produits de première nécessité, dont la nourriture et les vêtements.

Tonissia fait remarquer que les populations de la KEF ont découvert ce qu'ils produisent et son exploitation dans la forme industrielle auprès du colonisateur. Il les informe que les riches colons possédaient de vastes plantations. Dans le cas contraire, ils achetaient les produits agricoles qu'ils revendaient ensuite. Les premiers grands planteurs dans le contexte de la domination coloniale en furent influencés. L'absence d'information sur les autres domaines de l'activité économique, le manque de capitaux et de moyens de production sophistiqués, le caractère secret du développement technologique et la contrainte militaire s'associent pour les aveugler. Le fait qu'ils ne paient pas de main d'œuvre ajoute à l'engouement.

Tonissia avoue à ses visiteurs que c'est ici que les leaders montrent les premiers signes de suggestibilité. En effet, les responsables de la coopérative des planteurs s'associent avec le colonisateur pour exploiter les populations sans la moindre crainte d'être trompés eux-mêmes. Quand le travail forcé s'élargit à eux et qu'ils n'ont plus le droit de recruter la main d'œuvre gratuite comme leurs compétiteurs, ils deviennent frustrés. Ce qu'ils négocient par la suite n'est pas la libération des populations du joug colonial, mais la reconquête de leurs privilèges. La métropole va abuser de leur désir de privilège et entretenir avec eux des relations particulières en se jouant de leur caractère suggestible. Leur continent en devient un territoire avec des économies purement et simplement agricoles. Au-delà, il n'a plus d'autre mérite commercial substantiel sur le marché. Le pire est que leur part dans les échanges commerciaux finit par devenir pratiquement inexistante puisqu'ils ne participent pas à la fixation du prix des matières premières. Ils en subissent la chute sans pouvoir réagir. Les populations en sont réduites à la pauvreté et à la mendicité.

Pour mieux aider ses visiteurs à saisir les causes de la pauvreté des populations, Diley leur conseille de s'en remettre à un des fondements psychologiques de la colonisation. Elle repose sur l'exploitation de la suggestibilité. Il décide d'observer avec eux plus en détail la suggestibilité elle-même. Pour une meilleure compréhension, il tente de dissocier la suggestion de la persuasion.

Il leur apprend que la persuasion consiste à convaincre. En cela, elle est confrontée à la raison qui peut la refouler ou l'accepter. L'individu persuadé adhère volontairement et à raison. Par contre, la suggestion veut une adhésion sans raison ni volonté. Elle s'installe sur la naïveté et l'ignorance. Plus ce qui est présenté au naïf lui est étranger, plus il est susceptible d'être suggestionné. Mais la suggestibilité n'est pas une maladie. Elle est simplement l'absence de volonté de résister à l'influence. En tant que telle elle est une disposition, celle à être facilement influençable. Aussi, cette disposition peut être suscitée par un abus de confiance. Ici, l'on cache ses réelles intentions pour obtenir l'adhésion de l'autre à un objectif étranger à sa perception.

Les visiteurs voudront chercher à comprendre ce qui d'autre fait l'absence de volonté. Diley leur rappelle l'exposé qu'il avait fait aux premiers jours de leur rencontre. Il leur rappelle alors qu' « en plus de la peur, le sentiment d'infériorité peut tuer la raison et la volonté de l'homme ».

« Ce sentiment » poursuit-il, « que l'on trouve chez beaucoup de leaders et de chefs d'Etat dans les territoires qui sont encore sous le joug colonial chez nous est installé dans la profondeur de l'appareil psychique. Pour la plupart, il est né d'abord de la frustration initialement causée par la brimade vécue par notre société. Cette brimade est perçue comme la manifestation de facto de la supériorité du colonisateur et de sa société. Les regards et les idées qui perçoivent cette supériorité ne la limitent pas à la capacité de destruction abusive de son armement, mais s'étendent au-delà pour voir dans l'abus une supériorité à tout point de vue. Par ailleurs, le développement technologique, la production de masse et le développement économique chez les autres alors que notre continent semble visiblement incapable de créer un environnement viable, renforcent l'idée de la supériorité des autres sociétés. »

Diley fait noter que quiconque voit l'autre supérieur s'est d'abord vu inférieur. Il soutient que le sentiment d'infériorité que développent la plupart des leaders et chefs d'Etats dans les colonies est intensifié par les limites intellectuelles et culturelles provoquées par la métropole. Celle-ci s'appuie sur l'autorité que lui confère la terreur militaire pour faire en sorte que la conscience des colonisés soit plus adaptée aux réalités de sa société qu'aux leurs. Par la suggestion de l'épouvantable, elle s'arroge des accords léonins dans tous les domaines, en occurrence, éducatifs et médiatiques. Ces accords, arrachés en violant la raison et la volonté, lui donnent le monopole de pourvoir les instruments didactiques dans le système de l'éducation. A l'aide de ces instruments, elle pulvérise les populations estudiantines et scolaires qui se trouvent condamnées à respirer la froideur d'un vent d'idées limité à un désert glaciale au centre duquel il n'y a pas d'autre vie en-dehors de la sienne. Ici, les vilains sont glorifiés et la tranquillisation armée sanctifiée. Ici encore, l'être supérieur est bien présenté aussi visible que la lumière. D'ailleurs, il en est l'unique convoyeur.

Il est difficile de sortir de ce système éducatif avec un sentiment autre que celui d'infériorité. Pourtant, se sentir inférieur est frustrant. Alors, certains leaders tenteront d'échapper à ce malaise en recherchant un sentiment de supériorité. Confus par la frustration initiale, ils s'en remettront à la métropole qu'ils trouvent naturellement puissante et dont la puissance est inébranlable à leurs yeux. Leur démarche consiste à montrer le plus d'engouement pour ses désirs et pour ses intérêts. En le faisant, ils obtiennent une portion de pouvoir qui leur permet de dominer leurs compatriotes. De manière significative, ils réussissent à se construire un sentiment de supériorité dans leur sphère locale en échappant à la frustration collective avec l'appui de l'autorité et du dispositif d'exploitation coloniale qui vont fabriquer leur destin au profit des intérêts de la métropole.

Les visiteurs comprennent alors comment dans les relations entre des peuples, la raison et la volonté peuvent être malmenées pour produire des dirigeants suggestionnés et des moyistes locaux. Par la voix de Tonissia, ils demandent à Diley de leur permettre de conclure cette étape des travaux. Tonissia dira alors : « Beaucoup de leaders du mouvement corporatiste des planteurs n'avaient pas conscience de la porté du pouvoir qu'ils recevaient. Ces leaders n'étaient pas suffisamment prêts à comprendre les implications des faveurs que leur faisait le colonisateur sur l'avenir des populations de leur territoire. Si pour eux-mêmes et pour leurs compatriotes, ils étaient encore des résistants, pour l'autorité coloniale, ils avaient cessé de l'être. Elle pouvait alors les extirper de leur mouvement, les former selon son gré et les installer à la tête de leurs congénères afin de poursuivre ses nouvelles ambitions. Ils étaient simplement transformés au point d'être suggestibles et malléables. »

Après cette intervention, Tonissia fait remarquer que la Krass s'est assurée d'une présence directe à travers les représentants de ses institutions au jour de l'installation de ces leaders.

Ainsi, sous l'œil vigilant de l'autorité coloniale, ils proclament l'indépendance de leur pays. De cette proclamation à la magistrature suprême, il n'y a aucune forme de procédure significative. Ils apposent leur signature à quelques documents et les territoires sont déclarés indépendants. Ils en sont les premiers présidents à la faveur des objectifs en eux visés par le colonisateur.

C'est ici que s'achèvent les étapes décrites dans « Perpétuité » par Bakroni. Ces étapes sont psychologiquement tragiques. Elles contribuent à la production d'hommes et de femmes avec une image inachevée du citoyen krassien. De ces hommes et femmes, le colonisateur choisit ceux qui au mieux reflètent cette image pour les installer à la tète de ses colonies. Parmi ceux-là, Gboglo Koffi devient Président de la République de la Nigloye. Mais l'histoire de ce pays ne s'arrête pas là. Aussi, le colonisateur a sophistiqué les méthodes de collecte des impôts. Il a installé ses colonies dans un univers économique et monétaire qui lui permet de collecter plus que de simples impôts.

# Chapitre 9
## GBOGLO KOFFI AU POUVOIR

Après avoir parcouru les différentes étapes qui concourent à l'installation du moyiste locale, Diley invite ses visiteurs à porter leur regard sur la manifestation de manière pratique de la suggestion dans son action politique. Il leur demande de s'intéresser aux actions des premiers dirigeants de leur pays et aux moyens qu'ils utilisent après leur prise de pouvoir.

Diley apprend de ses visiteurs que leur premier président se nomme Gboglo Koffi. Son accession au pouvoir se confirme à la suite d'une élection sécurisée à l'aide de la baïonnette coloniale. Ses adversaires en contestent les résultats, certains au prix de leur vie, mais en vain. Après la confirmation au forceps de sa victoire, son pays acquiert formellement son indépendance et le colonisateur installe Gboglo Koffi.

Dès la proclamation de leur indépendance, le régime du nouveau président est confronté à de nombreuses protestations dues aux contradictions nées des enjeux électoraux et de la mascarade qui ont précédé son avènement. Pour y faire face, Gboglo Koffi crée un environnement inspiré des pratiques qui ont permis son installation. Pendant deux bonnes décennies après l'indépendance de son pays, il procède à l'intimidation, l'incarcération ou à l'élimination systématique de nombreux opposants à son pouvoir et au pouvoir colonial dans une série de complots réels ou imaginaires. Les procès et la violence militaire meublent au quotidien la vie de ses compatriotes. Des régions entières sont investies par la soldatesque locale et étrangère pour en déloger les récalcitrants et les punir sévèrement.

En fait, diriger pour Gboglo Koffi est devenu une fin en soi. Au-delà, il n'y a rien. Cet entendement de sa propre existence le rend agressif. Il fait naître chez lui une attitude offensive. Gboglo Koffi attaque. Diriger en soi-même est une attaque contre les autres. Il impose violemment ses insuffisances à leur conscience. En fait, il attaque pour ne pas être attaqué. Il attaque surtout pour ne pas se sentir ou être commandé de l'intérieur. Il vit une illusion de supériorité moyiste qui le force à dégager beaucoup d'énergie. Par exemple, il effectue de nombreux voyages pour des rencontres selon lui « à haut niveau ». Cette attitude, qui est très proche du tape-à-l'œil, consiste à dire aux autres, « voyez-vous, je suis dans la cour des grands ». Pour Gboglo Koffi, la cour des grands se confond à celle du colonisateur et ses voyages servent à montrer la particularité de son être face aux élites locales.

Les voyages du président sont dits pour aller défendre les intérêts de son pays. Il serait opposé à la chute libre du cours des matières premières sur le marché. Même si cela s'avère être une vérité, la volonté et la raison de résister l'ont quitté dès même la remise de son destin à la métropole. Il ne peut donc pas défendre l'amélioration des cours du marché véhément. Car sur cette question, il sera toujours confronté à l'enjeu du maintien des privilèges qui lui permettent de tenir l'apparence supérieure ; cette apparence qu'il brandit agressivement lorsque dans de gros appareils volants fabriqués au-dessus de son entendement, il retourne devant ses compatriotes qui pour la plupart vivotent. Personne ici n'ose parler de son agressivité, car tous savent qu'il est allergique à la critique. Il est conservateur et hostile au changement.

Gboglo Koffi réfute tout ce qui peut institutionnaliser le débat contradictoire. Il s'attaque au pluralisme politique dès sa prise de pouvoir. Il propose et impose immédiatement sa propre compréhension du jeu politique. Il suscite un environnement conceptuel qui cadre avec sa vision de l'organisation et de l'exercice du pouvoir. Il la nomme : « Nigloyenie ou la démocratie de type Nigloyen ». Par cette trouvaille, il réprime toute idée de concurrence des opinions jusqu'au sein de sa propre formation politique. Ces pratiques agressives et violentes dominent la vie politique de son pays. Elles participent de la dissimulation de son caractère suggestible et du déni subtile de son infériorisation par l'administration coloniale. Le bénéfice qu'il en tire est qu'il réussit à s'imposer à son peuple et à obtenir le silence des masses.

Les nouveaux adeptes du Zouglou observent d'un peu plus prés les causes de l'usage de la violence par leur président. Ils découvrent que Gboglo Koffi devient autoritariste et que la violence chez lui provient d'un sentiment d'infériorité et de la recherche d'une échappatoire vis-à-vis de ce sentiment.

Pour mieux comprendre l'usage régulier de la violence, les visiteurs s'en remettent aux raisons qui ont conduit leur président à la politique. En plus, ils tiennent compte du contexte dans lequel il naît et grandit.

De sa naissance jusqu'à l'indépendance de son pays, Gboglo Koffi ne connaît qu'une seule autorité réelle : le colonisateur. Mais le colonisateur en tant qu'autorité sur cette planète ne peut se targuer d'un exemple de morale humainement admissible. La barbarie et l'animosité sont les seuls termes qui peuvent le décrire à la fois chez lui que dans ses colonies. Les visiteurs décident de passer cette fois-ci sur le comportement et les agissements du colonisateur dans leur pays. Ils observent plutôt son continent.

Là-bas, ces peuples férus d'expansion territoriale sont toujours en guerre. Il ne se passe pas d'année sans qu'on entende les détonations assourdissantes de leurs armes et le bruit assassin des bottes de leurs soldats. D'ailleurs, ils ont consacré des décennies de leur vie rien qu'à se battre entre eux pour le contrôle égoïste des richesses de la planète, mais aussi pour la démonstration de sa supériorité, de sa suprématie et de sa puissance militaire. Ce conflit a fait plusieurs millions de morts. Il n'a épargné ni les enfants, ni les femmes. Un roi y a été assassiné d'une balle dans la tête. Sa femme Reimbienue et ses enfants au nombre de six ont été exécutés froidement. Un soldat, celui qui allait conduire l'exécution, Yafohi Tournetout, avait pris sur lui de violemment informer le roi de leur intention de l'assassiner. Chez ces peuples encore à cette époque, les travailleurs étaient régulièrement réprimés et toutes leurs revendications étouffées. Puis, arrive la Guerre des Ours Polaires, la manifestation par excellence du moyisme. Elle coïncide avec l'âge adulte de ceux qui plus tard devaient être les dirigeants des territoires annexés.

Pendant cette guerre, la métropole qui est la base de leur éducation formelle est occupée. Des soldats et de nombreux civils sans aucune distinction sont exécutés. La métropole est méprisée par l'ennemi. Elle est martyrisée et sa capitale en proie à toute forme de violence. Le gouvernement prend la clé des champs. Pendant la Guerre des Ours Polaires, au moins six cent trente personnes, hommes, femmes, enfants et vieillards sont tués dans un village, et cela, en l'espace d'une demi-heure. Les camps de torture et d'exécution foisonnent. Ils sont visibles à tous les coins de rue. Ici, dans la société civilisatrice du colonisateur, l'on parle de bombe comme de la pluie. La violence est reine et au centre de tous les calculs. Elle atteint son paroxysme quand une ville est entièrement rasée sous la chaleur volcanique des armes à destruction massive.

Cette guerre en a appelé d'autres, mais c'est de son contexte sociopolitique que Gboglo Koffi et les autres dirigeants des colonies prennent leur héritage. Le seul modèle qu'ils ont connu est l'exercice de la violence dans le règlement des différends avec les autres. Par suggestion, ils reproduisent ce modèle.

Enfin, la violence trouve sa nécessité dans le caractère ambigu du pouvoir de Gboglo Koffi. Il est coincé entre les responsabilités vis-à-vis de son peuple et la reconnaissance de son pouvoir au colonisateur. Il est partagé entre le colonisé et le colonisateur. Il est lui-même colonisé quoiqu'il soit à la tête des autres.

L'influençabilité ou la suggestibilité est ici conditionnée par les éléments déterminants la négociation de l'indépendance de son pays. Gboglo Koffi doit veiller aux intérêts économiques de la métropole, à ceux du peuple et à ses propres intérêts particuliers auxquels il ne renonce pas. Il y a pourtant dichotomie entre les intérêts du colonisé et ceux du colon. Même si les intérêts du président sont proches de ceux des colonisateurs qui sont encore militairement présents sur son territoire, ils ne sauraient être exhaustivement les mêmes. D'où il est tiraillé entre le colonisateur, le colonisé et sa propre personne. Cette situation est susceptible de confusion intérieure. L'autoritarisme et l'agressivité qu'il affiche à l'égard de son peuple sont la manifestation de cette confusion qui elle rime allégrement avec la suggestibilité. Gboglo Koffi est au centre d'une mission techniquement et pratiquement impossible. Il la conduit par suggestion.

En fait, le contexte relationnel entre la métropole et sa colonie n'a pas changé après la proclamation de l'indépendance de son pays. Puisqu'il était garanti par la violence militaire, il le reste sous Gboglo Koffi qui participe des mécanismes de décentralisation du pouvoir politique de la métropole. Il assure la continuité. Malgré la paupérisation généralisée qui découle de cette continuité et les difficultés qui l'accompagnent, elle assure à son tour la réussite du président et celle de ses collègues. Par conséquent, ils maintiennent leur territoire dans la dépendance économique, politique, sociale et culturelle. Toute opinion de remise en cause de la vacuité de leur gouvernance et des extorsions économiques de la métropole est réprimée par tous les moyens.

Par exemple, les questions fondamentales liées à l'émergence de ce territoire administratif où diverses communautés culturelles et ethniques sont forcées à se fondre en un même peuple sont étouffées. Pourtant, de façon récurrente, il se produit dans le pays de Gboglo Koffi des conflits d'intérêts entre les communautés, chacune ne voulant pas être abusée ou se sentir dominée par une autre. De ce fait, la notion de nation ici tombe en péril. Gboglo Koffi se montre incapable d'y remédier. Il peine à créer une dynamique politique à même de conduire les différentes communautés de son pays à se fondre en une entité opaque, cette entité qui devait être portée vers un seul intérêt : la nation. La défense de cet intérêt implique le nationalisme, un concept auquel le colonisateur est allergique. Gboglo Koffi ne peut donc pas le défendre puisqu'il est supposé participer des instruments de décentralisation du pouvoir colonial.

Quoi qu'il en soit, Tonissia et ses compagnons informent leurs hôtes qu'il a existé des nationalistes dans notre colonie. Mais ils n'ont jamais été acceptés dans l'arène politique. Ils sont accusés de faire l'éloge de la xénophobie, ce qui leur vaut d'être confrontés à la violence de l'état.

Selon les visiteurs de Diley, l'accusation faite aux nationalistes de leur pays est dénuée de tout fondement. Elle répond à un but de diabolisation des populations hostiles à la colonisation. Elle vise à créer un sentiment de culpabilité chez ceux qui refusent la tutelle coloniale. Elle tente de décourager la mobilisation des ressources endogènes et l'émergence d'une dynamique d'autodétermination.

Tonissia et ses compagnons disent être convaincus que les objectifs des nationalistes chez eux ne sont pas xénophobes. Ils prônent plutôt la création d'une nation sur la base de la particularité de ses nationaux. Ils tentent d'identifier les éléments communs qui se dégagent des différentes entités à l'intérieur du territoire politique et administratif dont ils se réclament pour en faire des repères. Ils sont attachés à la culture d'indépendance et d'autodétermination. Ils défendent l'idée d'une unité et d'une identité nationale pour l'émergence d'une société dont les composantes se présentent comme une seule personne. La forme de nationalisme à laquelle ils adhèrent peut se définir comme une dynamique pour laquelle la nation vient avant toute autre chose. C'est aussi l'expression agissante de l'amour pour cette nation, cet amour qui surpasse ses intérêts personnels et claniques.

Cependant, les nationalistes ont vu le sens de leur combat réduit à des concepts des plus avilissants par suggestion. L'administration coloniale n'aime pas les nationalistes de ce pays. Dans le fond, le colonisateur pense que le fait d'avoir suscité la délimitation de leur territoire arrache aux populations l'intelligence d'une adaptation commune au contexte suscité et le sens de la pensée collective indépendante. Le nationalisme de même que la nation dans son entendement pour ce contexte devrait se définir dans le cadre administratif, philosophique et psychologique qu'il a établi. Car ce cadre est le fondement de la confusion mentale qu'il alimente et qui à son tour facilite son hégémonie. C'est aussi le seul contexte qui lui permet d'exploiter sans ménagement ce territoire. Parler de nationalisme en dehors de son entendement, c'est vouloir changer ce cadre pour lui intéressant. Le nationalisme devient donc de la xénophobie, puisqu'il tend à modifier le cadre. Il devient la dynamique qui refuse sa présence. Fort de cet entendement et surtout instruits de l'obstacle qu'a constitué le nationalisme au mouvement colonial, le colonisateur combat les nationalistes et avec eux tous les corollaires au nationalisme.

Dans l'extension du pouvoir colonial, et dans la poursuite de leurs intérêts personnels, Gboglo Koffi et ses collègues qui ont été suscités par la colonisation ne peuvent pas défendre une telle notion plausiblement.

Ainsi, un Etat naît dont les populations à l'intérieur ne partagent pas d'intérêts convergents. Les leaders qui y émergent sont plus portés vers le bien-être de la communauté à laquelle ils s'identifient. Le bien-être des autres est de moindre importance. Cet état de fait suscite des conflits permanents d'intérêts entre les communautés. A l'intérieur de ces conflits, l'autoritarisme se meut en une forme de paternalisme, puisque Gboglo Koffi et ses collègues au pouvoir sont le plus souvent appelés à régler des questions de cohabitation et d'harmonie sociale. Ce rôle leur vaut d'être vus comme des sages. Il forge leur charisme puisqu'ils doivent développer des idées et des concepts comme leur maître pour apaiser les conflits communautaires. Le calme social qui résulte de leurs actions est confondu à la paix sociale. Dans cette confusion, les différentes communautés forgent et renforcent leur identité particulière à côté des autres sans réellement se confondre à elles. La défense de ces identités développe le népotisme qui lui au fil du temps se meut en tribalisme. Ceci parce que l'abus prolongé de sa position au profit de son groupe communautaire et de ses amis finit par imprimer au sommet de l'administration une coloration spécifique. Celle-ci déteint sur l'organisation sociale et détruit progressivement les leviers fondamentaux du nationalisme. La destruction de ces leviers joue en faveur du colonisateur qui de toutes les façons ne voit pas le nationalisme d'un bon œil.

En définitif, Gboglo Koffi n'a pas de contrôle déterminant du pouvoir qu'il détient. Sa gestion est assimilable à cette forme de bureaucratie : toute-puissante, mais en même temps ignorante de la portée de son rôle. Sa puissance ne pèse rien puisqu'il est lui-même incapable de déterminer à quelle fin précise et comment elle doit être utilisée. Son intérêt vise à maintenir ce qui existe, mais ce qui existe n'est pas décidé par le président. Il lui est suggéré ou donné. C'est pourquoi il vit le paternaliste avec allégresse.

En tant que père, il se fait des enfants, des gens qu'il peut amadouer et dont il peut négocier la sympathie et la tolérance en présentant des traits d'affection et de gentillesse. Cependant, on a beau être gentil, on ne peut pas l'être envers tout le monde. La gentillesse est toujours circonscrite dans le temps et dans l'espace. Pratiquée au sommet de l'Etat, elle peut aisément s'apparenter à la discrimination, à la corruption ou au favoritisme. De ce fait, elle peut engendrer des sentiments d'exclusion qui eux sont susceptibles de provoquer des conflits.

Avant de conclure leur investigation concernant ce point de leur société, Tonissia et ses compagnons s'intéressent à ce que les premiers responsables de leur pays retiennent de la colonisation.

Ce qui est maintenu est descriptible en un seul terme : le fascisme. Il comprend l'exaltation, la dictature et le corporatisme qui sont employés pour satisfaire les intérêts particuliers des gouvernants et parachever l'ambition de domination de la métropole. Pour ce faire, Gboglo Koffi provoque régulièrement des événements auxquels elle est associée. Cette pratique la rapproche du peuple et l'impose aux consciences.

Par ailleurs, elle leur concède des dettes que Gboglo Koffi présente comme des dons qui émaneraient de relations privilégiées et cordiales que le colonisateur entretiendrait avec son peuple. Implicitement, la métropole est bonne. D'ailleurs, sa bonté est chantée par toutes les autorités. Elle est si bonne que son armée est distribuée dans leurs territoires pour protéger, non ses intérêts, mais ses amis trop faibles pour se défendre contre les convoitises et les attaques extérieures.

L'exaltation de la métropole est faite à travers les média et le système éducatif. Toutes les opérations de son armée et les défilés de chars là-bas, sont présentés. Les élections présidentielles et les débats corollaires entre les candidats sont tous vécus au jour le jour par les populations. Dans les écoles, le nombre pléthorique des œuvres d'écrivains et de philosophes métropolitains imposées aux étudiants renferment les consciences dans un espace infime du monde. La monnaie utilisée les contraint au retour à la colonisation par son appellation. Les noms des rues et des édifices les plus importants présentent le triomphe et l'histoire du joug colonial.

A cette exaltation, celle du moyiste local est collée. Gboglo Koffi se présente toujours comme l'ami de la métropole. Cette image de lui suffit pour l'imposer aux autres, puisque l'ami du colonisateur, même s'il ne colonise pas, peut recourir au soutien de ce dernier. En plus de se présenter comme l'ami du colonisateur, Gboglo Koffi suscite ou s'approprie des événements de grande envergure qu'il consacre à sa propre exaltation. Ces événements sont organisés autour de la confiscation de l'esprit de créativité, de l'art et de la libre expression. Tout le long de leur déroulement, il est loué à travers la musique, la peinture, la chanson, la danse et toutes les activités essentielles à ces événements. Par ailleurs, il corrompt les animateurs des medias locaux qui n'auront de rôle que présenter l'image qu'il veut de lui-même. Ceux d'entre ces animateurs qui ne se conforment pas à son gré sont forcés à faire valoir leur talent ailleurs.

L'exaltation de Gboglo Koffi se parachève dans la dictature. Mais la dictature elle-même se trouve dans l'énergie et la stratégie déployées pour créer et maintenir de manière fasciste un système politique de corporatisme idéologique. Ce système se caractérise par la tentative permanente de maintenir toutes les formes de pensée à l'intérieur d'une seule et même dynamique, en dehors de laquelle toute autre perspective d'idée est marginalisée ou simplement réprimée.

La suggestibilité qui sous-tend la nécessité des répressions conduit à une économie dont le plus grand bénéficiaire est la métropole qui elle se trouve au sommet d'une autre forme de corporatisme, celui-là, économique. En d'autres termes, en plus du système politique de corporatisme idéologique, Gboglo Koffi pratique le corporatisme économique.

Pour finir, les visiteurs retiennent que l'histoire de son pays, la peur, l'ignorance et la naïveté créent chez leur président un sentiment d'infériorité qu'il réussit à transformer avec l'aide du colonisateur en un sentiment de supériorité. Cependant, conscient de ses insuffisances, il devient agressif. L'autoritarisme et la paranoïa qui s'expriment dans l'agressivité vont donner plus tard place à du charisme. Car il lui faut cacher par les idées l'influence pour ne pas paraître inférieur et surtout pour garder l'apparence supérieure. La conséquence de ce camouflage est l'accommodation de ses programmes de gestion économique et de développement social aux intérêts du moyiste offensif. Il adopte et maintient le fascisme à travers la dictature, l'exaltation de la force dominatrice et de sa propre personne et le corporatisme. Il s'imbibe d'une attitude paternaliste pour créer un sentiment de tolérance autour de lui. Il ne réussit cependant qu'à créer un sentiment d'exclusion qui se rajoute aux conflits d'intérêt déjà existants entre les communautés locales. Il cache à son peuple la réalité de l'assujettissement et la présente comme une amitié cordiale. Du coup, les raisons de leur misère sont à trouver ailleurs. Ce charlatanisme consolide son pouvoir puisque la métropole flattée du zèle, lui donne les miettes nécessaires à l'apparence et les instruments de répression qui satisfont les mécanismes de suggestion.

Cependant, l'homme étant mortel, Gboglo Koffi s'en va. Un autre dirigeant modelé de la manière la plus parfaite arrive. Il est précédé de chars, d'hélicoptères, de drone et d'avions de guerre pilotés par le colonisateur. Il s'agit d'un autre moyiste local.

## Chapitre 10
PAUVRETE ET CAPITALISME MOYISTE

Les visiteurs ayant observé le rôle du moyiste suggestionné, se penchent maintenant sur la misère que crée sa complicité avec le moyiste offensif. Ils voudront s'intéresser ensuite au contraste exagéré entre leur niveau de vie et celui des autres. Enfin, ils examineront les liens entre le moyisme et les tendances hégémoniques que sont la colonisation et l'impérialisme.

Ils constatent d'abord le dénuement quasi-total vécu en leur société. Dans ce pays, ils sont innombrables qui n'ont pas encore accès à l'eau potable, à l'électricité, à un toit décent, à la nourriture, aux hôpitaux, à l'éducation et au travail. Les enfants sont nombreux qui meurent dans la fleur de l'âge. Ils sont de nombre incommensurable qui vivent à la rue ou qui gonflent ses rangs tous les jours. Pour certains, la rencontre avec la rue se fait dès le bas âge. Ceux-là en général sont orphelins de père et de mère morts eux-mêmes encore jeunes, le plus souvent dans des circonstances pitoyables de maladie, de famine ou de conflit dans une guerre dont l'intensité finit par être décidée par la hauteur des intérêts moyistes. Les autres arrivent à la rue dont les parents sont encore en vie, mais si déprimés et démunis que les enfants ne doivent se contenter que de leur chaleur parentale.

A la rue, ces enfants apprennent à se battre pour survivre. Ceux qui s'en sortent vivent longtemps, pourvu qu'ils ne soient pas en maille avec l'autorité judiciaire. Ils commencent d'abord par de petits boulots, habituellement avec la bénédiction d'un autre plus grand. Ce dernier leur fait de l'espace dans le territoire de la rue où il lui est permis de distribuer sa sympathie. Quand ils deviennent adolescents, la vie pour eux devient plus exigeante et les petits boulots ne leur suffisent plus. Ils s'adonnent au grand banditisme et à la drogue en espérant ainsi compenser la frustration que leur fait subir la vie en marge de la société.

Dans ce pays, la politique et la honte ne se rencontrent en aucun même lieu à la fois. Car les hommes qui ont survécu de leur adolescence à la rue sont apportés dans les manifestations de protestation, avec leur frustration, les uns pour aider la police et casser de l'opposition, et les autres pour aider l'opposition et casser de la police. Ils deviennent les héros des durs moments d'intrigues politiciennes, les seuls où il leur est donné de se frotter aux enjeux de la société. Juste après ces brefs moments qui leur donnent une sensation d'être, ils retournent là où ils ont appris à vivre.

Quant aux femmes, elles se battent contre l'incertitude et réclament un peu plus de considération dans une lutte d'émancipation qui ne trouve d'écho qu'à l'alitement de la chair. Les hommes eux souffrent la vanité du temps ; des guerres insensées décimant leur société et des dettes contractées dans des accords de dupe dictant le destin de tous. Le corporatisme économique qu'ils ont hérité de la colonisation est devenu un facteur de ruine de leur peuple. La suggestion, quant à elle, fait vivre l'amertume dans le silence ou l'étouffement.

De nombreuses maladies inconnues auparavant et sans aucune origine palpable, mais qui semblent être l'œuvre de l'homme les déciment. Beaucoup en cet endroit croient d'ailleurs qu'elles obéissent à un objectif précis, celui de tuer la reproduction chez eux et par ricochet leur marché afin de le contraindre à la dépendance vis-à-vis des autres. D'ailleurs, des programmes de retouches structurelles qui se meuvent en retouches démographiques sont suggérés aux gouvernants locaux.

Le chagrin régulier de la mort d'un autre cher à soi, les durs labeurs pour une rémunération insignifiante, le chômage galopant et toutes les peines vécues au quotidien tuent les valeurs sociales les plus élémentaires. Les populations sont réduites aux mœurs des plus avilissantes quand la corruption et la prostitution font vivre les moins fortunés.

Cependant, au lieu d'unir leurs efforts et leurs intelligences à la recherche des solutions, les moyistes locaux sont plus occupés à d'autres débats pour le moins inutiles, quand ils ne se disputent ou ne s'entretuent pas tout simplement pour obtenir l'exclusivité du privilège de servir de bras séculiers aux moyistes offensifs. Des mains de ces derniers, ils empruntent des armes pour créer l'épouvante dans les populations à la seule fin d'être eux-mêmes éliminés selon la loi de l'évolution géométrique du plus avantagé. Ils aggravent la situation déjà précaire et confuse de la société, de la politique et de l'économie dans leur pays. Ils réussissent à arracher des larmes aux visiteurs qui durent pour cette étape de leur peinture se consoler et s'encourager pour pouvoir poursuivre leur quête.

Après s'être remis des effets du triste tableau de leur vie, ils se penchent maintenant sur le contraste entre la société des moyistes locaux et celle qui entretient des instruments de suggestion. Ils voient que les revenus de leur pays sont parmi les plus faibles de sa planète. Sa part au commerce est en dessous d'un pour cent, très proche de rien. Ses produits sont les moins quottés sur tous les marchés et espaces boursiers existants. Par contre, les revenus de la métropole se passent de tout commentaire. Ils sont cinq fois plus élevés que ceux de tous les pays de leur continent mis ensemble.

Convaincus que le contraste aigu qu'ils viennent d'observer entre la société krassienne et la leur est la conséquence du duo moyiste, les visiteurs tentent de se faire une idée de l'impact psychologique du moyisme sur leur vie en plus de ce qu'ils ont appris jusque-là avec Diley.

Ils observent que dans sa réalisation, le moyisme qui détermine la politique du colonisateur nécessite chez les autres une crise morale qui a pour tenants et aboutissants leur exclusion du contrôle et de la conduite de leur destinée. Ils s'aperçoivent qu'une fois leur exclusion entamée, elle suscite l'incertitude à l'intérieur de leur société. Ceci parce qu'ils ne peuvent ni établir de plan de développement économique rigoureux, ni faire des prévisions budgétaires indépendamment des autres. Ils devraient se soumettre au gré de ces derniers. Le gré du colonisateur ne pouvant pas toujours s'accorder à celui des colonisés, l'incertitude suscitée conduit à une vie aléatoire. Simultanément, leur exclusion du contrôle de leur destinée accroît la prospérité de ceux qui le détiennent. La prospérité étant bonne à vivre, ces derniers se donnent les moyens intellectuels, moraux et physiques pour aboutir à sa perpétuation. Ils font ainsi s'éterniser le caractère aléatoire de la vie dans ce pays.

Parlant de perpétuation, les visiteurs se souviennent de « Perpétuité » de Bakroni qui leur indique que la perpétuation de tout contrôle est inscrite dans la démarche moyiste. La misère facilitant la corruption et la confusion qui à leur tour rendent le contrôle aisé, les moyens intellectuels, moraux et physiques du moyiste seront employés à jouer sur la misère des autres qu'il contrôle. Par exemple, une infime partie des biens que le colonisateur soutire aux autres dans la confusion sera retournée à ces derniers au rabais, dans une proportion émiettée, insignifiante et en général par échelon sous une autre forme telle une dette, de sorte à entretenir leur misère, attiser plus de confusion et faciliter le contrôle de leur société.

Le moyiste profite des conflits armés causés par la misère et la confusion pour s'arroger la sympathie et l'amitié de ces gens qui par instinct de survie s'adonnent à des activités économiques clandestines dans les endroits devenus difficiles d'accès aux autorités de leur pays. Il les arme et gonfle leur rang d'hommes recrutés dans les coins de la planète où l'instinct de survie suscite le goût du risque. Abusant de la confiance placée confusément en lui, il devient leur protecteur et s'érige en receleur insidieux de la clandestinité où les interlocuteurs sont pour la plupart des enfants et des individus désœuvrés et drogués. Les hommes armés qu'il a déversés dans le pays sont pourvus d'une mission d'attisoirs afin de faire perdurer le conflit et par ricochet les profits de ses transactions hors des normes sociales.

De ce que Tonissia et ses compagnons savaient avant leur rencontre avec Diley, le nom de la métropole rime avec colonisation et impérialisme. Maintenant qu'ils peuvent lui associer le moyisme, ils envisagent de comprendre sa dynamique de contrôle à la lumière de la politique impérialiste et expansionniste. Pour déceler les desseins qu'implique cette politique, ils recherchent et assemblent les discours qui l'ont jalonnée pendant plusieurs siècles sur leur planète. Des discours qu'ils ont pu obtenir, ils retiennent celui de Thomus Mano.

Homme d'autorité aux yeux de ses compatriotes, Mano envisageait des siècles avant, cette planète sous le contrôle et la domination d'une seule autorité, un royaume voisin de la Krass. Il disait devant un public acquis à la cause : « Considérons la fertilité et la puissance maritime et terrestre de notre territoire. Nous conviendrons que ce royaume est capable d'être maître de l'univers. Car aucune autre nation ne vit autant d'abondance et laquelle est naturellement pourvue d'autant de nourriture, d'habillement et d'instruments nécessaires à la paix et la guerre pour à la fois sa propre puissance, mais aussi pour approvisionner les autres et en tirer chaque année une abondance d'espèces et parachever sa suprématie… »

Ce royaume possédait à ses yeux les atouts qui allaient permettre sa domination des autres. Il détenait les moyens de destruction physique présentés par sa puissance maritime et militaire, et les moyens de destruction psychologique, la capacité de fournir à ses voisins en les obligeant par ce fait à participer à sa propre suprématie. Par le terme espèce, il faut entendre les autres hommes, car c'est ainsi qu'ils étaient désignés dans ce royaume.

Les desseins envisagés par Mano furent réalisés progressivement. En effet, ce royaume va parachever sa félicité. Chaque année, il accostait ses navires dans les autres continents pour en retirer une abondance d'espèces humaines et matérielles. La métropole et bien d'autres territoires vont lui emboîter le pas pour devenir des concurrents dans la politique expansionniste et impérialiste.

Le caractère particulier de leur pratique impose aux visiteurs de s'y attarder afin d'en saisir l'essence. Ils découvrent que l'impérialisme est défini comme étant le moyen et le fait par lequel l'on prolonge son territoire et son pouvoir à d'autres. Ils conviendront qu'il est impossible de se mettre à un bout de son pays et de tirer sur une de ses parties pour obtenir plus de terrain. De ce fait, ils concluent que l'impérialisme est une conception imaginaire, une utopie par laquelle les territoires des autres sont vus comme ceux de l'impérialiste.

Tant qu'il reste une conception, cet impérialisme ne fait pas mal. Mais lorsqu'il veut faire de l'utopie une réalité concrète, il crée absolument la misère chez les autres ou sa propre misère. La misère des autres est liée aux dégâts que toute utopie peut engendrer. Sa propre misère tient à l'impossibilité de transformer une utopie en réalité permanente. Sa misère peut aussi provenir de la réponse d'autrui et de l'incapacité de l'impérialiste à se défaire des instincts qui accompagnent le moyen choisi. En fait, l'impérialiste peut par son propre fait s'engouffrer dans la prison de ses instincts.

L'impérialisme est donc un risque. C'est le risque consenti en voulant contrôler et étendre son territoire à d'autres. Il nécessite forcément l'assujettissement et l'abrutissement par la terreur des habitants de ces territoires. L'impérialisme est donc du terrorisme. Il est caractérisé par deux éléments essentiels : les attaques barbares ou subtiles et les vols ou les pillages. Les attaques sont nécessaires pour assujettir les autres et les transformer. Les vols et les pillages répondent à l'idée que si les autres territoires sont les nôtres, leurs biens n'échappent pas à cette réalité.

Tonissia et ses compagnons révisent les caractéristiques de l'impérialisme sous un angle psychologique. Les attaques deviennent des agressions et les vols des crimes hideux. Au plan de l'analyse psychique, ils concluent qu'ils sont en présence de consciences agressives, offensives et criminelles. Celles-là sont dangereuses pour l'espèce humaine.

En général, le vol est lié au désir de combler un manque. Lorsque ce désir est exagéré et que l'on n'arrive pas à combler le manque, les autres qui ont ce que l'on désire deviennent aisément des êtres enviés. L'envie crée la jalousie. Les hommes manifestant leur jalousie de manière différente, certains deviennent agressifs pour combler leur désir. D'où l'agressivité, qui résulte de la jalousie, est le fait du désir de compenser un manque, ou elle est simplement le fait d'un état psychique trouble, une confusion intérieure.

Puisqu'il s'agit d'une activité dans laquelle le sujet est guidé par une idée qui le conduit à concevoir des mécanismes de fonctionnement, il est difficile pour les visiteurs de dire qu'il y a initialement un état psychique trouble chez l'impérialiste. Il leur parait plausible qu'il s'agisse plutôt d'un désir exagéré de combler un manque. Ils expliquent ce constat par les vols et les pillages d'ailleurs très organisés auxquels tout impérialiste s'adonne. Cependant, l'idée qui sous-tend la politique impérialiste fait voir les autres territoires comme les siens. L'impérialiste n'établit pas de limite à sa base territoriale. De ce fait, il est psychologiquement disposé à éliminer les autres pour se substituer à eux autant qu'il peut. Sinon, il s'impose brutalement à eux. Par sa brutalité, leurs territoires deviennent ses colonies.

Mais la tendance que l'impérialiste a à s'imposer est elle aussi tenue à un manque à combler. Son pouvoir émane d'une frustration et il est conscient de sa faiblesse. Il cherche à échapper à cette frustration en se construisant un sentiment de supériorité. Il devient agressif par l'adoption d'un comportement d'autoritariste dans une tentative de défense et de recherche d'une sécurité intérieure. Le manque à gagner dans l'agressivité est la proportion de domination recherchée pour construire le sentiment de supériorité.

L'impérialisme ici étant caractérisé par l'agressivité et des mécanismes de compensation d'une frustration, il devient un moyen de défense contre la réalité. Les pillages et les vols ouverts ou subtiles qui l'accompagnent révèlent que cette réalité est en partie un manque matériel, l'absence d'une matière ou d'un bien.

Il est presqu'impossible de vouloir combler un manque avec acharnement si l'absence de ce qui doit le combler est insignifiante. Autrement dit, on cherche à acquérir ceci qui peut valablement combler un vide et dont la présence est intéressante. Puisqu'il s'agit d'un bien matériel, l'intérêt est à priori matériel. Alors l'impérialisme se présente comme un moyen par lequel le bien matériel est acquis. Qui dit bien matériel dit capital.

Finalement, l'impérialisme est la manifestation d'une frustration surmontée par l'agressivité. Cette agressivité procure un sentiment de supériorité dont la plus grande substance réside dans sa capacité de s'octroyer contre leur gré, sans leur raison et sans leur volonté les biens des autres. Il aboutit au contrôle direct ou détourné à la fois des hommes que du capital. En tant que tel, il devient une arme pour le moyiste dont le succès passe par l'accumulation des biens et le contrôle des hommes par l'entremise de la suggestion. C'est donc le moyisme qui perpétuellement cède au risque. Les visiteurs établissent ainsi ce qui relie la politique expansionniste au moyisme. L'impérialisme ou l'expansionnisme sert au moyiste d'accumuler des biens et de contrôler les autres.

Les moyens qu'utilise le moyiste sont les mêmes partout : corruption par la destruction physique et ou psychologique. La forme de corruption évolue ou change, car elle doit s'adapter aux changements psychologiques opérés chez les autres. Son évolution est rapide et imprimée dans de nouveaux concepts qui définissent et marquent les orientations voulues par le moyiste.

Malgré le flou créé par l'évolution vertigineuse de ses méthodes, il est remarquable que la corruption s'exerce sur les produits, le marché, le système monétaire, le système financier, et enfin, les moyens et les facteurs de production. L'usage de la corruption permet au moyiste d'accumuler excessivement de biens et de faire profit contre rien. Il l'aide aussi à soutenir son exigence de transformation des autres qui ne peut aboutir sans richesse matérielle. Cette exigence rend l'accumulation systémique et doctrinale chez le moyiste.

Tonissia et ses compagnons notent que l'accumulation des biens et du profit existe dans sa forme pratique et pas forcément doctrinale depuis que les hommes ont obtenu pour la première fois une plus-value dans les échanges de leurs marchandises. De ce fait, elle n'est pas une création du colonisateur même si sa forme actuelle semble l'être. Elle tient son origine de ces premiers échanges. D'ailleurs, ils découvrent qu'il est possible de faire profit et de multiplier ses biens sans nuire aux autres. Ils sont arrivés à cette découverte en écoutant des discussions dans lesquelles des participants avaient qualifié cette manière de procéder de « capitalisme à visage humain ». Cependant, remarquent-ils, lorsque le moyiste fait la rencontre du capitalisme, il tente de le corrompre pour le soumettre à ses ambitions hégémoniques.

En effet, le moyiste crée le capitalisme moyiste dans lequel la recherche du bien et du profit ne répond à aucun sens de sociabilité, de cohabitation harmonieuse des peuples et des ambitions industrielles et commerciales. Dans les échanges, il interprète la volonté et la raison des autres comme un danger à son existence. Il les préfère naïfs et crédules parce qu'il ne peut être à l'aise que dans leur suggestion. Confronté à la raison et à la volonté, c'est-à-dire là où il doit convaincre et persuader, il devient agressif et offensif. L'intensité de son agressivité est fonction de plusieurs facteurs. Moins il se sent proche des autres politiquement, militairement, historiquement, idéologiquement et surtout géographiquement, plus le capitalisme moyiste est prompt à déployer toute son énergie. Il tente ainsi d'obtenir l'intimidation et la peur chez les autres afin de faire disparaître leur volonté et leur raison.

Le moyiste se condamne ainsi à la paranoïa. Il se méfie des autres et devient exagérément susceptible vis-à-vis d'eux. La paranoïa qu'il développe s'explique par le simple fait qu'ayant été perpétuellement violent, il finit par se convaincre que la violence est au centre et inévitable dans toutes les relations entre les hommes. De ce fait, il pense que les autres vont violemment riposter. Il finit en proie à une force impulsive qui lui fait sentir le besoin d'éliminer les autres sur l'effet de sa propre peur. Il se part alors d'armements absurdes. Tant pis si les autres meurent. Il faut à ce capitaliste se protéger contre cette peur là-même qu'il a inconsciemment contribué à forger. Cependant, le désir de paraître supérieur aux autres le conduit à tenter de voiler sa peur. Il se sert de l'excuse selon laquelle le développement en armement, quoiqu'absurde, serait un moteur de développement technologique en général.

Mais l'apparence de supériorité que donnent ces armes nucléaires, chimiques, biologiques et à précision par lui seul jugée, ne suffit pas pour éliminer sa peur. Car il est conscient qu'il ne s'agit là que d'une illusion dans laquelle un peu de curiosité et de recherche suffit aux autres pour le rattraper, et même le dépasser. La réalisation de cette vérité favorise chez lui une tendance à se croire persécuté. Elle lui fait penser que le mieux est d'éliminer les autres par anticipation. D'où il empoisonne son peuple en créant en lui la haine d'autrui par la construction d'une imagerie répugnante des autres peuples. L'image qu'il présente des autres justifie auprès de son peuple leur élimination.

Mais, dans l'impossibilité d'éliminer tous les autres hommes, le moyiste se rabat sur les mécanismes de destruction psychologique qui donnent l'illusion d'unicité et d'ubiquité. En fait, il ne connaît pas de partage. Il s'est condamné à ne pas considérer la sagesse que recouvre cette vertu. Au contraire, le moyiste se donne les moyens d'assurer sa solitude et une hégémonie qu'il souhaite perpétuelle.

## Chapitre 11
ILLUMINATION COLONIALE

L'exercice qui consiste à peindre leur vécu conduit les visiteurs à s'intéresser dans plus de détails aux moyens qui permettent l'hégémonie du moyiste. Ils savent déjà qu'il s'agit de l'élaboration et de l'exécution d'une corruption à la fois psychologique, matérielle et physique sur les autres. Dans le présent exercice, les visiteurs de Diley s'attarderont sur les discours qui tentent de justifier l'entreprise coloniale. Pour approfondir leur compréhension, ils s'intéressent au rapport du séjour de Barbarus et Décapitus qui décrivent avec satisfaction le pillage et le début d'une opération qui allait se métamorphoser en se sophistiquant dans le temps.

Le séjour de ces deux hommes est décrit par eux-mêmes comme une opération qui consistait à aller tous les jours à la rive où eux et leurs soldats capturaient des habitants et brûlaient leurs villes. Selon ces marins, ils avaient séjourné quelques mois en Fidougou où, après avoir pris des habitants, des fruits, des légumes, de l'or et du diamant autant qu'ils pouvaient en transporter, ils ont levé l'ancre.

Les visiteurs vont remarquer que l'opération décrite par Barbarus et Décapitus marque les premières formes de corruption des moyens et des facteurs de production dans leur pays. Ils observent que l'homme fait usage d'instruments et d'outils pour faciliter ses tâches au travail. Aussi, les instruments et les outils de travail ne peuvent exister ou avoir de raison d'exister sans l'homme.

Ceci dit, les facteurs et les moyens de production impliquent l'homme. Il ne peut en être séparé. D'où, pour Tonissia et les autres, la capture des habitants, le pillage de leurs ressources naturelles et la destruction par le feu de leurs villes mettent à mal les facteurs et les moyens de production. Car ces hommes et femmes arrachés de force à leur territoire, selon ces deux marins, sont ceux de la population déclarés les plus valides. Ceux-là font partie des facteurs de production et du potentiel intellectuel qui devaient participer au développement culturel, social et économique de leur société. Le fait de les soustraire de leur espace de vie altère ou corrompt la force de production, mais aussi le potentiel d'innovation dans cet espace.

Les premières formes de corruption des moyens et des facteurs de production présentées ci-dessus se métamorphosent avec le temps. Elles s'installent au cœur des contrées lointaines d'où l'on capturait des forces vives, s'emparait de leurs biens et brûlait des villes. Elles s'appuient sur les structures et infrastructures déployées à cet effet. Elles s'aident de l'usage de la terreur. Elles soumettent enfin les populations au joug de l'administration qui les dicte. La colonisation prend donc corps dans le sang et dans le feu. Comme l'impérialisme, c'est du terrorisme.

Cependant, ses défenseurs, dans un cynisme inouï, tenteront de justifier le mal en le présentant comme participant d'un dénuement nécessaire dans lequel les victimes recevraient des bénéfices intellectuel, social, scientifique, moral, culturel, littéraire, commercial et industriel qui leur auraient fait défaut. Ces bénéfices seraient la prérogative des autres. Quant aux victimes, elles n'auraient pas pu être dissociables des primitifs si elles n'avaient pas été soumises au mal. En d'autres termes, l'existence chez elles, sans l'impact du dénuement, serait pire aux conséquences du dénuement lui-même. Implicitement, l'on fait usage du mal pour sortir les victimes du monde primitif afin de les exposer aux acquis des sociétés humaines. Le mal lui-même faisant partie de ces acquis dans la perspective coloniale, les attitudes génocidaires, sanguinaires, de pilleurs, de cleptomanes et de mépris de toute convenance deviennent une norme civilisatrice.

Tonissia et ses compagnons notent que le but poursuivi par les défenseurs de la colonisation est de contribuer à la perpétuation du mal en abusant du statut de dominant qui en résulte pour l'embellir. En fait, les défenseurs de la colonisation passent une couche de peinture sur du fer rouillé. En le faisant, ils visent à amadouer l'opinion et à contraindre insidieusement les peuples assujettis et leurs descendants à voir dans l'activité coloniale une œuvre salvatrice.

Diley intervient sur ce point pour dire que la perception du colonisateur et celle de ceux qui le défendent sont des paradoxes. Car « dans quelle humanité, le vol, le pillage, la cleptomanie, le génocide et l'élimination des autres peuvent-ils être séparés d'une mentalité primitive, surtout lorsqu'ils se retrouvent tous à la fois en une même entité sociale ? » Demande Diley. Il dira par la suite qu'il ne faut pas regarder les accoutrements du pape, ni ce qu'il prêche pour le juger. Ses actes parlent plus fort que toutes ces choses.

Après cette brève intervention, Diley laisse ses visiteurs continuer leur exercice. Tonissia et ses compagnons analysent les prétendus bénéfices de la colonisation. Ils voient qu'il s'agit là d'un alibi. Ils cherchent à comprendre les raisons de cet alibi. Leur enquête leur permet de confirmer qu'il vise à échapper aux responsabilités qu'implique la violence gratuite sur les peuples qui accueillent sans question les autres. Ils reviendront alors au discours de Thomus Mano. Ils pensent qu'il révèle de manière claire et plausible les réelles motivations de la colonisation. Elle est moyiste. Elle tend à contraindre les autres de façon directe ou indirecte à s'engouffrer dans le précipice vertigineux de circonstances déterminées par une tendance à être seul et partout à la fois. Elle émane d'une confusion intérieure quant au sens que l'on confère à sa proportion humaine. Elle se veut inscrite dans une approche qui vise la perpétuité. Les visiteurs confirmeront cette idée en observant la longueur du temps écoulé dans le dénuement nécessaire. Ils observent par ailleurs les concessions insignifiantes faites par le colonisateur et la résistance acharnée de ce dernier face au désir d'affranchissement des populations qu'il prétend sauver. Sa résistance révèle que le dénuement qu'il juge nécessaire ne l'est que pour sa propre survie.

Malgré les ambitions dites nobles de l'entreprise coloniale, les visiteurs pensent qu'ils pouvaient s'en passer. Ils pensent ainsi surtout au regard du passé où un nombre excessif de guides et de leaders dans leur société a été déporté, assassiné et emprisonné juste pour s'être opposés ou pour avoir dénoncé le caractère violent et asocial des animateurs de l'entreprise coloniale. Tonissia et ses compagnons passent en revue les meurtres et les assassinats incalculables que le moyisme a orchestré sur leur territoire. Ils prennent en compte la destruction systématique des monuments et des plus belles villes pour accréditer l'idée saugrenue de l'inexistence de civilisation antérieure à l'arrivée du colonisateur chez eux. Ils contemplent avec tristesse la falsification sans ménagement de l'histoire des peuples par le moyiste. Ils voient comment son inclination à la solitude et à l'ubiquité a contraint leur sol à la désolation totale et établi un cadre époustouflant qu'il veut assimilable à celui d'un développement humain. Dans ce cadre, tout ce que le moyiste construit, établit ou fait construire ne profite qu'à lui seul. Les autres n'en tirent que ce qui leur permet de rester en vie pour être capables d'entretenir sa divinisation. Toute concession apparente dans son monde cache une insulte à l'intelligence d'autrui. Pour preuve, le moyiste ne juge bonne l'indépendance des autres que si elle lui permet de préserver les liens qui soumettent leur économie à ses intérêts. Dans le cas contraire, il n'y aurait pas d'indépendance. Il y aurait un cadre hostile qui le froisse, l'irrite et l'excite à reprendre son œuvre de civilisation. Il déversera sur leur territoire toute sorte d'armement et un lot de désœuvrés dont la vie dépend des foyers conflictuels.

Mais les luttes pour l'indépendance se revêtent toujours d'un caractère irréversible. La résistance à l'indépendance des peuples lui risque de perdre le peu de crédibilité que les raisons prétendues illuminatrices donnent à son entreprise. Le moyiste en est conscient qui adapte constamment les formes de corruption au changement psychologique opéré chez les autres.

Au pays des visiteurs, l'une de ces adaptations est caractérisée par l'octroi d'une indépendance dont la forme ne suscite pas l'irritation du moyiste. Elle préserve avec subtilité l'essentiel des liens coloniaux. D'ailleurs, pour faire montre d'une bonne intention, la métropole remplace ses citoyens à la tête de la colonie par des autochtones.

Les nouveaux dirigeants qui remplacent les citoyens krassiens sont ceux d'entre les colonisés qui ont le plus épousé l'idée des bénéfices d'illumination coloniale. Ces hommes et femmes héritent d'une éducation à la base orientée vers ses intérêts coloniaux. Ils conservent un système économique et financier créé pour satisfaire une dynamique d'expansion coloniale. Ils pratiquent un système administratif corrompu par la nécessité de maintenir l'ordre colonial. Dans un tel contexte, ils ne peuvent pas être plus productifs pour eux-mêmes que pour le colonisateur. Ils deviennent inévitablement des forces de production à son service.

Enfin, l'administration corrompue à laquelle le colonisateur a légué un appareil judiciaire à caractère discriminatoire où le colonisé est discriminé par le moyiste et un système de gestion des ressources humaines qui repose sur la violence militaire et policière contre toute opposition, ne peut être que la ruine du peuple. Cette ruine se veut comme allant de soi, puisqu'aux consciences meurtries et à la recherche d'un salut en général coûteux, l'on oppose un monde immatériel. Ce monde amoindrirait le coût du salut pourvu que la vie s'y accorde. Mais cette vie ne serait possible qu'en-dehors du monde des humains. Car l'homme est dualité, corps et esprit, matière et immatériel. Mais ici, l'esprit doit se dissocier du corps et s'aiguiser dans une proportion divine, celle qui conduirait l'âme dans un monde paradisiaque après l'extinction fatale de la matière. Ne pas aiguiser son esprit afin d'acquérir une telle vie serait plus désastreux que toutes les bombes atomiques, chimiques et biologiques déjà déployées sur la planète. La misère vécue ne serait en rien comparable à la calamité qui frapperait les âmes récalcitrantes après l'extinction de la matière. Ces âmes iraient simplement en enfer, torturées et brûlées dans le feu.

Personne ne souhaite de lui-même un tel sort ! Entre le mal et le pire, la conscience est prompte à accepter le mal. Avoir faim et ployer sous la menace des bombes sont mieux à l'enfer dans l'au-delà.

Occupés à se battre pour échapper aux cordes de l'enfer, une bonne partie de la force de production s'est désolidarisée de la culture d'indépendance. Car si l'homme est une dualité, le monde lui, serait matériel et ainsi condamné à l'injustice, aux désastres naturels ou humainement provoqués. De ces désastres, la colonisation fait partie qui n'a aucune ambition d'illumination et d'épanouissement des colonisés. Elle ne peut pas prévoir une formation en vue de permettre aux autres d'administrer eux-mêmes leurs affaires. Elle suscite plutôt une formation en faveur de ses propres intérêts.

Le colonisateur forme et soutient des élites locales dont les aptitudes doivent condamner à l'ignorance dans son univers économique, financier et technologique. Cette ignorance les conditionne à avoir constamment besoin de lui. Elle rend inadaptée leur gestion aux réalités de leur continent. Puisque l'inadaptation vécue ici est d'essence moyiste, les dirigeants sélectionnés parmi ces élites auront tendance à réprimer ce qu'ils ne peuvent pas associer à l'univers du colonisateur. Ils marginalisent les activités qui échappent à l'entendement de ce dernier. Les ressources humaines en seront handicapées. De ce fait, les artisans locaux, y compris les forgerons et les tisserands ne seront pas encouragés à participer pleinement au développement de leur société. Leur exclusion freine le développement technologique dans les colonies. Car ces nouveaux dirigeants, suggestionnés par le moyiste, sont restés ignorants du fait que la technologie moderne est en grande partie le résultat de l'évolution par crescendo des méthodes, des instruments et des outils de production des artisans à l'intérieur des sociétés. Pire, ces dirigeants, hypnotiquement flattés par la lumière de leur prestige, vont contribuer à marginaliser les efforts de ces artisans. Ainsi, la colonie a fini par affaiblir les ressources humaines propres à elle. L'illumination coloniale en est devenue un leurre pour de vrai.

## Chapitre 12
BEKPOTISAKPO

Dans leur lecture de la gestion des ressources humaines, les visiteurs s'aperçoivent que par suggestion, leur pays a lui-même contribué à l'affaiblissement des facteurs et des moyens de production propres à lui. Il n'a accordé aucune protection aux artisans et aux travailleurs locaux. Il s'est rendu coupable de la marginalisation de leurs efforts au bénéfice de la compétition extérieure. Il a même réprimé ces efforts qu'il ne pouvait pas associer au monde du moyiste. Il s'est organisé selon des besoins qui ne sont pas strictement nécessaires pour le développement social et l'amélioration des capacités des ressources humaines locales. Il s'est exposé à une économie extravertie.

Les visiteurs ne tardent pas à voir que leurs dirigeants ont contribué à la vulnérabilité de leur pays. Guidés par la sauvegarde de leurs privilèges et le désir d'échapper à la situation de violence pratique, ils ont livré leur société à la précarité. Leur pays est aujourd'hui confronté à une incapacité de contrôler son système économique à l'intérieur avant de rencontrer le reste du monde.

Tonissia et ses compagnons explorent encore davantage l'incapacité de leur société à contrôler son économie. Ils découvrent qu'en plus du manque de protection aux ressources humaines, la monnaie qu'ils utilisent est plus accommodée aux intérêts du colonisateur qu'aux leurs. Car comme les moyens et les facteurs de production, ils s'aperçoivent que leur monnaie a été corrompue et entièrement dévaluée.

En effet, la dévaluation des monnaies en dehors des ajustements structurels ou des effets des inflations qui nécessitent l'intervention des gouvernements, s'est en général opérée sous l'auspice de desseins sombres sur la planète observée. Tonissia et ses compagnons en sont arrivés à cette conclusion après une investigation de l'évolution du système monétaire dans leur monde. Ils tentent ici de dire comment par le truchement d'accords monétaires exclusifs, leur pays a été réduit à la dépendance économique.

Jadis, le médium d'échange en cet endroit était confectionné à partir de la coquille d'un escargot très rare. Les animateurs de l'entreprise coloniale dans les échanges avec eux se sont rendus à l'évidence que ce médium ne représentait rien sur leur propre marché. Pourtant, la coquille pouvait s'acquérir gratuitement dans un autre continent. L'ayant remarqué, ils allaient d'abord dans ce continent où ils remplissaient leurs navires de coquilles qu'ils émettaient ensuite sur le marché des autres.

Ne répondant à aucune donne économique fiable, l'émission exagérée et disproportionnée de monnaie constituait une activité subversive. Elle sabotait les règles économiques locales en même temps qu'elle dévaluait à la fois la monnaie et les produits qui circulaient à l'intérieur du marché. La subversion monétaire par le colonisateur conduira à la disparition totale de la coquille au profit de sa monnaie. L'échange se faisant désormais avec cette dernière, le marché va s'organiser progressivement dans l'accommodation au système colonial.

En effet, les habitants de la colonie avaient maintenant besoin de la monnaie des colons pour acquérir les marchandises apportées sur leur marché. Ils devaient produire en grande quantité ce dont ces derniers avaient besoin pour espérer avoir de l'argent à la vente afin de pouvoir acheter les commodités qui les intéressaient.

Pour mieux consolider leur monnaie sur le marché et tuer toute possibilité de voir la coquille y revenir, les autres octroyaient des prêts sans hésiter et à tout bout de champ. Les prêts concédés devaient être remboursés contre des produits agricoles ou miniers que l'on trouvait en abondance sur le territoire colonisé. La nécessité pour les colonisés d'amasser beaucoup d'argent afin de rester compétitifs jette les bases d'une société dont les activités essentielles sont agricoles. Ces bases sont ensuite maintenues et accentuées par la barbarie coloniale.

Les pratiques de contrôle du système monétaire vont évoluer plus tard, lorsqu'à la fin de la Guerre des Ours Polaires, la plupart des pays dits avancés là-bas sont économiquement dévastés. Appelé à leur rescousse, la République Fédérale d'Akpanis, un pays ami au colonisateur s'érige en samaritain économique à travers un programme d'aide appelé « Plan Békpotissakpo ». Ce pays négocie simultanément et obtient la systématisation des rapports économiques et commerciaux par la création d'institutions agréées à cet effet. Ces rapports tiennent à un système d'intégration monétaire qui fonctionne sur la base d'un taux de change fixe. Ce système se dénomme

« Débaloussage en Bri ». En son sein, le taux de change de chaque pays est fixé en rapport avec la monnaie de la République Fédérale d'Akpanis. Il s'agit donc d'un système de parité dans lequel les Akpanis échangent leur aide contre la consolidation de leurs intérêts commerciaux.

L'une des conséquences du système de parité est que les pays débiteurs peuvent aisément se retrouver en train de supporter indéfiniment le poids des ajustements qui s'imposent à lui. Dans le Débaloussage en Bri, la République Fédérale d'Akpanis qui était la principale créditrice aurait pu amasser un surplus de réserves internationales si, dans les faits et non par simple principe, le poids des ajustements avait été bêtement placé sur les nations débitrices.

Si le Débaloussage en Bri n'a pas nécessairement servi aux Akpanis à exploiter exagérément les autres, il a été une source d'inspiration pour les anciennes métropoles dans l'extorsion de devises dans leurs sphères de contrôle après les indépendances. Ce fait est d'ailleurs l'un des facteurs qui donnent de ces indépendances un goût d'inachevé.

Les visiteurs observent qu'en son temps, leur métropole avait accusé le système de Débaloussage en Bri ainsi que la parité qui l'accompagne d'être des complots contre son économie. Mais elle créera par imitation une zone monétaire dans laquelle elle regroupe toutes ses colonies y compris la Nigloye. Elle dénomme cette zone « Cercle Krasseu ». Le Cercle Krasseu utilise une monnaie que la métropole lie paradoxalement à la sienne par une parité fixe.

Les visiteurs s'attardent un instant sur le cadre de fonctionnement de cette monnaie, car elle leur fait revivre l'exploitation de ses filles par Violentine la proxénète. En effet, la monnaie utilisée dans le Cercle Krasseu est une invention pure et simple de la métropole. Ceci dit, la monnaie lui appartient. En plus, c'est elle-même qui la bat. Ainsi, comme Violentine fixe la valeur des bons qu'utilisent ses filles, le colonisateur se dote de moyens nécessaires pour influencer la valeur de la monnaie. Il s'assure du contrôle effectif de sa banque d'émission et des institutions corollaires suscitées en s'inspirant du Débaloussage en Bri.

La monnaie indexée contre la sienne, la métropole transfère sans ménagement le poids des ajustements structurels dus à la dynamique du marché international sur les pays du cercle. Ce transfert a pour impact l'inflation, le blocage ou la diminution des salaires, le contrôle de la démographie et la dévaluation pure et simple de la monnaie.

Par ailleurs, au biais de cette monnaie, la métropole crée un cadre par excellence où elle déverse ses produits et prend subtilement ce dont elle a besoin sans l'acheter. Puisque c'est elle qui est détentrice de la monnaie, le seul coût dans ses transactions avec les colonisés est celui lié à la production de l'argent. Elle bat de l'argent contre les produits dont elle a besoin. Elle en fait de même pour rémunérer les hommes qu'elle veut corrompre. Enfin, le cadre paritaire lui permet de rapatrier en devise les montants obtenus à l'investissement sans faire de déficit.

Ce faisant, elle laisse les autres pays du cercle avec des balances déficitaires.

Pour simplifier l'exercice des visiteurs, Diley leur conseille de revisiter l'histoire de Violentine et les conclusions qu'ils en ont tirées. Ces derniers reprennent cette histoire et se rendent compte immédiatement que leur monnaie est en fait une composante d'un sous-ensemble monétaire qui n'a pas de lien direct avec les mécanismes du marché mondial. Ils découvrent que sa vie est aliénée aux succès ou aux déboires du commerce, de l'industrie et de la politique monétaire de la métropole. Par exemple, la monnaie du colonisateur est dévaluée, leurs dirigeants sont appelés à la dévaluation de cette monnaie quelques années plus tard. La monnaie du colonisateur se fond dans une autre, la leur est désormais indexée contre cette autre monnaie.

La portée de l'histoire de Violentine devient plus claire à leurs yeux. Elle les motive à examiner encore un peu plus l'aliénation monétaire qu'ils vivent. Tonissia demande aux autres : « Violentine avait créé une boutique et aménagé un espace pour la culture de potagers, n'est-ce pas ? » Comme une seule personne, ses compagnons répondent : « Si ! ». Ils replongent ensuite dans l'univers de leur relation avec la métropole. Ils voient qu'avant la création du cercle, elle s'est assurée d'installer les structures et infrastructures nécessaires pour faciliter la circulation des capitaux et des biens entre elle et ses colonies. Elle a d'abord créé l'Organisation pour l'Investissement et le Développement (OID) et la Caisse Principale de Krass Etendue (CPKE), deux institutions dont les objectifs semblent contradictoires. L'une (OID) apparaît comme pour le bien-être des colonies et l'autre (CPKE) pour les intérêts de la métropole. Toutefois, ces deux fonctionneront de manière conjugale dans les seuls intérêts de la Krass. La CPKE gère simplement les fonds décaissés par l'OID. De fond, il s'agit de dettes octroyées aux colonies. En fait, le colonisateur imprime du papier estampé de dessins impressionnants qu'il verse au compte de la suggestion. Les coûts du papier et de l'encre sont remboursés avec des matières premières et des devises réelles ; le colonisateur se trouvant au sommet du système corporatiste qu'il a concocté.

Beaucoup d'autres structures ont vu le jour pour répondre à l'objectif de contrôle du Cercle Krasseu. Il s'agit de l'Institut de Recherche du Sorgho et du Maïs Exotiques, de l'Institut des Huiles Fidenis, de la Compagnie Krassienne pour le Développement du Textile, de la Maison Technique pour l'Exploitation du Bois, du Bureau Minier de la Krass Etendue, etc. Toutes ces structures vont de concert servir au verrouillage du marché de ses colonies. Le cadre paritaire viendra parachever l'opération et le colonisateur se retrouvera seul dans son univers avec ses colonies indépendantes.

Le verrou structurel de la métropole est si bien monté que l'industrie et le commerce s'ils existent dans cette partie du monde, sont d'abord organisés autour de l'accueil, de la distribution et de la consommation du surplus et quelques fois des produits dépassés chez le colonisateur. Ce verrou rend impossible l'obtention de gains à même d'assurer l'épanouissement des populations.

Toutes les tentatives pour améliorer les conditions de vie sont rendues vaines par les forces externes qui s'associent par une suggestion subtile de l'épouvantable avec ou à travers les moyistes locaux pour maintenir les populations dans la dépendance totale. Les moyistes locaux quant à eux développent un système économique et politique à l'intérieur qui répond à leur partition dans ces circonstances déterminées. La politique et l'économie étant en déphasage avec les intérêts des populations, elles sont susceptibles de révolte. C'est ici que la crise morale chez bon nombre de moyistes locaux fait surface. Ils voudront maintenir ce qui existe et qui est intéressant pour eux. Le maintenir suppose un comportement autoritariste. D'où ils imposent les dispositions du marché telles que voulues par les forces extérieures, les moyistes offensifs. Ce marché se résume à l'intérieur au contrôle de la démographie, à la production de ce qui n'est pas consommé, à la consommation de ce qui n'est pas produit, à la cherté des produits consommés, à la dévalorisation de la production intérieure et enfin, à l'accommodation des barrières tarifaires en faveur de la suggestion.

Les visiteurs constatent que ces mêmes dispositions existent depuis longtemps et que malgré tous les efforts faits pour demander la révision des accords coloniaux, la métropole reste sourde. Ils constatent que le marché et les institutions dites internationales ici sont complices du règne de la suggestion, de l'anarchie, de l'exclusion, du fascisme ou de la dictature des riches sur les pauvres. Ils découvrent que le marché est protectionniste à l'égard des uns, tandis qu'il détruit les barrières tarifaires pour les autres. Il crée la résistance vis-à-vis d'une grande proportion des productions culturelles alors qu'il tente par les média interposés de faire épouser aux consciences une culture planétaire. Il rend impossible la circulation de nombreuses personnes ciblées sur des bases arbitraires tandis qu'il facilite celle des autres. Il tient la technologie et l'industrie prisonnières de la recherche obsessionnelle du profit qui elle génère progressivement un marché d'exclusion dans lequel la loi de l'offre et de la demande arrache au produit sa valeur pour le soumettre à la spéculation quantitative et reste muette sur le seuil auquel la quantité d'un produit donné sur le marché peut ou ne peut plus influencer son prix.

La monnaie et les produits étant interdépendants, la loi de la spéculation quantitative est aisément influencée ou abusée par la spéculation monétaire et vice-versa. Il en résulte des inégalités qui elles suscitent des mécontentements, et même des réactions parfois désastreuses. Cependant, les moyistes ne chercheront pas de solution pour juguler ces inégalités. Au contraire, ils tentent de sophistiquer les mécanismes déjà existants. Ils opèrent des mutations unilatérales en réaction aux mécontentements. Ces mutations, très souvent brutales, sont effectuées dans l'optique de corrompre davantage le marché, les produits et les monnaies des peuples encore soumis au joug de la suggestion.

## Chapitre 13
## LEÇONS

Après avoir vu le complexe moyiste et la dynamique de corruption des moyistes global et suggestionné, les visiteurs tentent maintenant de dégager les traits psychologiques du moyiste. Ils voudront tirer des leçons de ce qu'ils ont appris.

Ils notent que le moyiste naît d'un sentiment d'infériorité. Il vit d'une illusion de supériorité. Il survit et se survit dans la suggestibilité, la sienne et celle d'autrui. Il se targue d'une attitude autoritaire et finit paranoïaque.

Les visiteurs remarquent immédiatement les entremêlements de certains traits ; notamment les sentiments de supériorité et d'infériorité. Ils sont l'expression de l'état confusionnel vécu par le moyiste. A cet état, l'autoritarisme soutenu par la violence vient servir de cachette. Malheureusement, il ne parvient qu'à rendre le moyiste paranoïaque et l'installe dans plus de confusion. C'est donc enchainé par une confusion intérieure que le moyiste tente de patronner les orientations politiques, économiques, culturelles et sociales chez les autres. Hanté par la peur d'un quelconque esprit revanchard, il est condamné à créer les conditions de sa survie dans leur pays. C'est pourquoi la misère y est difficile à éradiquer.

Cependant, les visiteurs restent fidèles à l'idée selon laquelle commencer à peindre sa misère, c'est commencer à lui trouver une solution. Ils ne trouvent point de cause de résignation dans la misère de leur pays. Ils sont convaincus qu'elle ne saurait être destructive, parce qu'à leurs yeux, elle finira par être instructive pour tous ses habitants ; hommes, femmes, enfants, jeunes et vieux.

L'une des leçons qu'ils tirent de leur exercice est celle-ci : la force de l'économie, hors mis les pratiques moyistes d'accumulation de biens, est liée à sa capacité de donner au marché et d'en recevoir des produits et des services dans une proportion qualitative et quantitative qui garantit l'épanouissement de ses populations. Dans une telle économie, les populations accepteraient d'acheter au plus fort du prix en fonction de la considération qu'elles ont pour les produits sur le marché. De la même manière, les vendeurs voudront obtenir le prix qu'ils croient valoir la considération qu'ils accordent aux produits. Ici, le prix idéal pour un produit donné serait alors entre les valeurs de leurs considérations.

Les visiteurs se rendent à l'évidence que la considération n'est pas une notion qui s'exprime mathématiquement. De ce fait, ils pensent que le prix ou la valeur des produits sur le marché ne peut être que négocié pour que de manière consensuelle, il soit attaché à chaque produit une valeur en fonction des différentes considérations.

Cependant, remarquent-ils, l'opposition aux consciences de la loi de l'offre et de la demande, talonnée par le laissez-faire et paradoxalement liée à des réglementations institutionnelles élaborées en catimini, empêche d'amener les considérations dans une négociation formelle de telle sorte que certains produits vivent sur le marché une dépréciation contre la considération que leur attachent leurs producteurs. Ces produits sont ceux qui viennent sur le marché dans leur forme naturelle sans changer d'état ou sans ajout valorisant. Ils sont essentiellement ceux du continent des nouveaux adeptes du Zouglou.

Ce constat leur fait dire qu'ils devraient donner de la valeur ajoutée à leurs produits de sorte à amener les considérations à la même valeur. Ils pensent que c'est à cette seule condition qu'ils parviendront à mettre fin à la dépréciation qui à leurs yeux semble injuste. Ils sont d'ailleurs traversés par l'idée de savoir pourquoi la transformation de leurs produits avant de les vendre n'a jamais été envisagée. La réponse qu'ils apportent à cette question les ramène au problème de la suggestibilité : « C'est impossible, parce que notre société a appris à accepter que c'est impossible. » Dirent-ils.

A ce niveau de leur exercice, ils se souviennent de leurs expériences d'élèves et d'étudiants. De ces expériences, ils retiennent que parler de transformation de matière première équivaut à parler de technologie et de science. Le nouvel enseignement introduit par le moyiste dans ces écoles de transformation psychologique fait établir un lien intrinsèque entre la technologie et la science. Cependant, il présente la science comme étant la prérogative de la société moyiste exclusivement. Il fait fi des outils et des méthodes de production nés sans aucune rigueur scientifique, mais de l'expérience et des observations de l'Homme. Il présente la technologie comme une génération spontanée et non la conséquence de l'évolution par crescendo de ces outils et méthodes de production engendrés au biais de démarches empiriques. Il occulte le rôle prépondérant de la démarche empirique dans l'avènement de la science elle-même ; cette science que l'homme a domptée avant l'avènement du moyiste. Cet enseignement, aidé par la suggestion de l'épouvantable s'efforce à détruire les traces de l'humanité dans sa marche vers la connaissance, le savoir et la sagesse. Dans ces écoles qui manufacturent la malléabilité, il est dit et ressassé que toutes les connaissances humaines y compris la connaissance scientifique viennent du moyiste. Aussi, toutes les grandes prouesses de l'humanité viendraient de son génie. Ce génie aurait manqué aux ancêtres des Fidenis qui selon le moyiste n'étaient autres que des primitifs qui vivaient de chant, de danse, de chasse et de cueillette. Puisque selon le moyiste encore, les nouvelles générations ont hérité de la nature quasi-oisive de leurs ancêtres, elles ne peuvent pas être dignes de teinture scientifique et par ricochet technologique. De ce point de vue, elles doivent compter sur la bienveillance du moyiste qui se charge déjà de transformer leurs matières premières pour le bien-être de l'humanité. De manière explicite, le rôle des colonisés se limite à fournir les matières premières et la société moyiste la technologie. Il est donc établi subtilement une économie mondiale de la spécialisation et du commerce fondée sur l'idée d'un avantage comparatif. Par cette idée, le moyiste aurait l'aptitude à produire la technologie à un coût inférieur comparativement à ceux qui détiennent les matières premières. Ces derniers auraient une seule aptitude, celle à envoyer sur le marché ces matières premières à un coût d'opportunité inférieur à toute compétition. L'échange de biens entre le moyiste et les autres, c'est-à-dire la technologie pour les matières premières, serait avantageux pour les deux parties. Mieux, l'économie de la spécialisation et du commerce fondamentale à l'idée de l'avantage comparatif doit être maintenue par tous les moyens dans les échanges entre les sociétés. Dans une telle économie, l'idée de transfert des technologies n'est pas envisageable puisque chacun doit préserver son avantage. D'ailleurs, toute initiative qui tendrait à modifier ce paradigme est découragée ou combattue. Dans cette guerre froide et tragique, l'école moyiste pond une pléiade de pseudo-experts pour justifier et maintenir le statu quo. Ceux-là racontent une histoire exclusive des sciences, des mathématiques et des inventions. Ils donnent de la contenance au paradigme de l'avantage comparatif en omettant de dire qu'il est possible d'obtenir un avantage absolu en s'arrogeant le droit exclusif de fixer les prix à la fois de la matière première et de la technologie au biais de la suggestion, par exemple de l'épouvantable.

Selon ces pseudo-experts, si par hasard les Fidenis parvenaient à transformer leurs matières premières, ils ne seraient pas capables d'entreprendre une concurrence soutenue avec les autres ; un charlatanisme dans lequel on fait croire obstinément que celui qui détient les matières premières engrangerait plus de coûts que celui qui est obligé de les acheter avant de produire. Ce charlatanisme est bien révélateur du fait que l'exercice de la corruption, y compris de la peur sur l'autre, inverse le titre de propriété et donne accès aux matières premières sans aucune forme de procédure.

Dans le paradigme moyiste, ce n'est pas que la capacité de ses colonies de produire de la technologie qui est mise en doute. Selon ses experts, il y a pire. Les populations des colonies seraient si corrompues qu'elles seraient incapables de créer une société bonne pour elles-mêmes.

Convaincus de la sophistication des mécanismes employés par le moyiste pour exploiter et assujettir, ces experts ne peuvent pas imaginer de développement économique et social pour ces populations. Comme au piège un animal, l'emprise sur ce pays est si solide à leurs yeux qu'ils sont convaincus que ses habitants sont condamnés à périr. Toutes les idées et les analyses qu'ils émettent concernant ce territoire sont évocatrices d'un avenir vide de promesse et plein de misère.

En fait, ce tableau évocateur d'un avenir piteux n'est réservé qu'aux populations locales, car ces experts font par moment des prévisions qui paraissent paradoxales et contradictoires. Il leur arrive de dire que l'avenir de la Kwizon toute entière se trouve chez les Fidenis.

Tonissia et ses compagnons se demandent bien comment de telles prévisions peuvent être prises au sérieux quand on tient compte des tenants de la tendance moyiste. Pour eux, l'allusion faite à cet avenir prometteur n'est autre qu'une invite à redynamiser la progression géométrique du moyisme en tenant compte des prises de conscience actuelles et de l'avènement inattendu d'une concurrence perpétrée par des économies extérieures à la sphère moyiste.

En effet dans ce monde, des sociétés jadis sous l'emprise du moyisme ont réussi non seulement à s'en défaire, mais aussi à se rendre incontournables dans tous les domaines d'activité économique et technologique. De plus, elles se sont dotées d'armées capables de transporter la terreur sur n'importe quel territoire en cas d'agression militaire. Le moyiste s'en trouve interdit, puisque ce qui est utilisé pour faire peur est ce qui ferait peur à l'utilisateur. Il n'a donc plus qu'une option. Il s'agit d'adapter ses méthodes aux changements opérés chez les autres en redynamisant les mécanismes qui assurent son évolution géométrique. Cette option devient envisageable. Elle pourrait lui permettre d'inverser de manière plus agressive le titre de propriété des matières premières. C'est à la réussite de son agression anticipée et à la prospérité qu'il en vit d'avance que ces experts font écho. L'avenir rayonnant en ce sens exclut les populations locales.

Revenant au tableau de désolation constamment présenté de leur pays, Tonissia et ses compagnons ne se doutent pas qu'ils sont en face de visions moyistes qui inconsciemment exposent leur culpabilité dans le frein au développement économique et social. Ils comprennent que la répétition quotidienne des idées et des analyses pessimistes les concernant est une tentative dont le but est de jouer sur les mentalités des populations et de leurs dirigeants.

Le moyiste procède à cette répétition dans un environnement médiatique et institutionnel qu'il organise de sorte à renforcer son prestige. Dans cet environnement, il peut marteler inlassablement l'idée d'incapacité afin de l'incruster comme des balles de revolver jusqu'aux neurones.

L'idée d'incapacité à peine incrustée que le moyiste va se lancer dans un exercice d'hypnotiseur. Il suggère sa propre personne à la rescousse des autres incapables et se substitue immédiatement aux décideurs locaux. Ceux-ci acceptent son intervention, car ils sont rassurés par le prestige qui le précède. Il augmente l'intensité du prestige de départ à l'aide de nombreuses promesses relayées par tous ses instruments médiatiques. Son exercice hypnotique induit ceux à qui il est destiné à entreprendre une ébauche de réalisation de sa suggestion. Une fois cette ébauche entamée et acquise, le moyiste les soumet à une thérapie de choc. Il fait surgir violemment ses réelles intentions et les contraint à sortir du paysage flamboyant dans lequel le rêve suscité par son exercice hypnotique les a plongés.

La stratégie du moyiste qui consiste à induire les autres à présenter une ébauche de sa suggestion n'est pas fortuite. Elle est inspirée de l'idée selon laquelle toute perception, qu'elle soit réelle ou imaginaire, entraîne comme conséquence une action en rapport avec le sens de cette perception. Il est donc rassuré qu'à l'issue de son activité prestigieuse et de l'ébauche de réalisation de sa suggestion, il sortira un projet dont les teneurs sont adaptés à ses objectifs.

Parmi les objectifs du moyiste, il y a celui de voir appliquer chez les autres la conception du développement qu'il leur veut ; des territoires qui lui fournissent les matières premières et sur lesquels ses industries déversent tout ce qu'elles fabriquent par le biais des élites locales. Il espère par la suite que les faveurs faites à ces élites atteignent et éblouissent les moins fortunés. Ces faveurs devraient définitivement impliquer l'émergence d'idées, de produits, d'entreprises, de technologies et de technocrates qu'il exporte dans son entreprise suggestive. Faute de quoi, les dirigeants et les leaders de ces territoires sont réprimandés, destitués, emprisonnés dans l'inconnu ou simplement assassinés par la force moyiste qui se sent le rôle de patronner la gestion des peuples.

Malgré tous les mécanismes et les stratégies du moyiste, les visiteurs rassurent leurs hôtes qu'ils sont convaincus que leur pays peut se développer au-delà même de l'imagination. Ce pays en a les moyens matériels et humains.

Pour Tonissia et ses compagnons, le rôle de leurs dirigeants et leaders dans la survie du moyisme doit être pris en compte avec beaucoup de sérieux. Il est impératif de travailler à aider ces leaders actuels et futurs à s'affranchir des griffes de l'influençabilité qui leur fait adopter des restructurations inadéquates et inopérantes.

Concernant les futurs leaders, Diley dira à ses visiteurs qu'il est important que tous ceux qui aspirent à diriger leur peuple comprennent ceci : « L'oiseau peureux ne pose pas son nid là où tout le monde passe. Il est conscient que ses œufs sont exposés à toute sorte de convoitise et qu'il ne pourra pas défendre la demeure en cas d'agression ». Tonissia qui a compris le fond de la pensée de Diley ajoute : « Ce n'est pas parce qu'on aime une femme qu'on en sera un bon mari. Il vaut mieux s'abstenir pour ne pas briser son amour-propre ».

Après cet échange bref, Diley et ses visiteurs s'accordent à dire qu'aussi longtemps que la suggestibilité servira de fondement à la gestion de leur société, il sera difficile de comprendre totalement la pertinence de l'implication de la Krass dans son retard. Car là où il y a influençabilité, la cause de même que la solution du mal réside d'abord en l'individu qui vit cette disposition. Ses relations avec les autres ne se déterminent que sur la base de ce qu'il est ou devenu. En d'autres termes, les autres tirent profit de ce qui existe en lui, c'est-à-dire son influençabilité qui détermine ses manières de voir, de juger, d'interpréter, d'analyser, de comprendre Dieu, de gouverner, et même de vivre.

Pourtant, dans ce cas d'espèce, les perceptions de la réalité sont pratiquement déconnectées les unes des autres. C'est en cette déconnexion que le sous-développement et la misère peuvent se manufacturer. Ils sont la conséquence de l'abus d'une appréhension erronée et suggestive de son existence, et même de celle des autres. Ils sont aussi la conséquence d'une confusion intérieure ou d'une crise morale due à la rupture entre les idées, les croyances et la vérité existentielle.

Cette crise est de diverses origines. Elle nait de la naïveté, de la crédulité et de l'ignorance. Il faut bien ajouter à ces caractères proches de l'ingénuité, la peur. Elle est l'un des facteurs les plus déterminants dans l'avènement de la crise morale. Car la peur est utilisée pour détruire la raison et la volonté. Elle crée un cadre propice à la suggestion. Elle fait le lit de l'influençabilité. Elle peut conduire à la résignation et au renoncement de son être pour réapparaitre tel un ingénu. Elle y parvient en contraignant l'autre à une dissociation d'avec sa réalité. Pour sortir de cet abîme, il est d'une primauté que l'on sache à quoi tient son influençabilité. Les exercices qu'ont entrepris Tonissia et ses compagnons sont donc d'une importance capitale.

D'ailleurs, ces exercices conduisent les visiteurs à voir que le bilan de son histoire récente pourrait aider leur pays à évaluer les résultats de la gestion par suggestion. Il pourrait permettre de se rendre compte de l'échec des touches et des retouches structurelles déjà suggérées et exécutées sous l'égide du moyiste. Ce bilan pourrait certainement donner à ses dirigeants de voir que la croissance dans l'économie d'un pays n'améliore pas nécessairement la condition de vie de son peuple. Ces dirigeants pourraient par ailleurs s'instruire de l'échec des approches qui limitent la lecture du bien-être social à la mesure du produit national brut. Ils se seraient alors occupés dans la forme la plus simple de la pauvreté de leur peuple pour que moins miséreux, il devienne productif et acteur effectif du développement socioéconomique.

S'occuper de la pauvreté dans la forme la plus simple signifie prendre en compte et en faire une priorité, les besoins élémentaires de l'individu en société. Ce dernier doit pouvoir manger à sa faim, boire de l'eau potable quand il a soif, avoir un toit où dormir, couvrir décemment sa nudité et pouvoir se soigner. Cela exige la promotion et l'application de programmes d'autosuffisance alimentaire, d'adduction en eau potable accessible à tous, de logements pour tous et de soins universels.

Tout programme de développement socioéconomique qui n'inclut pas et qui n'est pas capable d'assurer les besoins élémentaires des populations ne mérite aucune attention. Il faut s'en soustraire, car un tel programme est favorable au moyisme. Il ne parviendra à rien, sauf alimenter le dénuement de l'individu et tuer l'intensité de l'énergie créatrice qui est en lui. Ce genre de programme ne met pas l'individu au centre de son approche, mais ses concepteurs espèrent que sa mise en œuvre dans le contexte moyiste l'atteindra. C'est d'ailleurs cet espoir béat que le moyiste offensif lui-même nourrit lorsqu'il accorde ses faveurs au moyiste suggestionné.

S'occuper de la pauvreté de manière simple est aussi un test qui met au défi la sincérité du moyiste quant à sa prétention de travailler à l'épanouissement de tous sans exclusive. Car il est aisément prévisible de voir de sa part une opposition farouche contre les activités qui voudront effectivement s'attaquer à la misère des populations. Cela parce que s'attaquer à cette misère suppose se démarquer de ses projets purement mercantiles et hégémoniques. C'est aussi mettre en œuvre une gestion des ressources qui est centrée sur l'Homme, contrairement à la gestion moyiste qui a un penchant naturel et permanent pour l'accumulation du bien et du profit sans ménagement. Le moyiste pourrait donc réagir pour faire triompher son paradigme, celui par lequel il obtient un avantage absolu.

Pendant qu'ils sont focalisés sur l'idée de mettre l'individu au centre de la gestion des ressources étatiques, les visiteurs prennent en considération l'idée qu'il est possible que le moyiste y réagisse par la révision de ses mécanismes d'assujettissement. Cependant, ils n'oublient pas que ce qui est utilisé pour faire peur est ce qui ferait peur à l'utilisateur. Ils ajouteront par ricochet que ce qui est utilisé pour dominer est ce qui anéantirait la domination.

## Chapitre 14

LA MANIERE LA PLUS SIMPLE

Diley profite de ce moment de leurs travaux pour raconter aux visiteurs l'aventure d'un homme nommé Geutecoute. « Un jour, un peu vers le crépuscule, il se fait arrêter par une femme dans un auto-stop.

- Où aller-vous ? Demande t-il à la dame.
- Je vais à Kountigui Yoro. Répond-elle.
- Je ne sais pas où c'est. Est-ce que vous connaissez le chemin ?
- Oui monsieur.
- Vous allez donc m'indiquer la voie. Est-ce possible ?
- Sans problème, je le ferai.

Rassuré, Geutecoute lui fait signe de monter. La dame s'assied dans le siège avant et les voici partis pour Kountigui Yoro. Elle indique : un virage à gauche, un autre à droite, une ligne droite d'environ un kilomètre et un dernier virage à gauche. Ce dernier tronçon est une petite voie à sens unique qui donne sur une autoroute. Le langage courtois de Geutecoute en prend un coup.

- Tu es sûre que tu connais là-bas ?

La dame lui répond qu'elle connaît le chemin. « Anhan ! » S'exclame Geutecoute qui subjugué par les allures douces et aimables de cette dame fonce vers l'autoroute, cette fois sans hésitation. Il roule à vive allure. Il se trouve maintenant à cinq minutes d'une bretelle. C'est la dernière qui permet de rentrer en ville. Geutecoute s'attendait à ce que la dame lui demande de prendre cette bretelle. Mais à son niveau, elle lui indique plutôt de continuer.

- C'est où ? Tu connais la route ? S'inquiète Geutecoute.
- Oui ! Fait la dame pour le rassurer.

Geutecoute, toujours sous le joug des apparences de sa passagère, n'insiste pas. Il roule et conduit sans arrêt. La prochaine bretelle est pourtant très loin. L'inquiétude de Geutecoute grandit, mais il ne peut pas faire demi-tour. Le code de la route ne le permet pas. De plus, un mur sépare son véhicule du sens inverse. N'étant pas préparé à la distance qu'il parcourait maintenant, Geutecoute finit par faire une panne d'essence. Il gare en bordure de voie et prie que l'on vienne le secourir. Le crépuscule s'efface. Il ne verra pas Kountigui Yoro, la destination qu'il ignore… »

Après leur avoir raconté l'aventure de Geutecoute, Diley demande aux visiteurs d'en faire une lecture. Tonissia lui revient avec les conclusions de leur réflexion : « Cette aventure ressemble à celle de Violentine et Nahivette. Ici, l'homme est ignorant de la destination visée. De même, Nahivette et ses camarades n'ont aucune connaissance du domaine qu'elles embrassent. Elles finissent par se retrouver dans une situation déplorable. Geutecoute aussi. Tous se trouvent obligés de compter sur quelqu'un d'autre pour atteindre un objectif. Nous concluons donc que l'information, l'éducation et la formation doivent être orientées dans le but de combattre l'ignorance afin que les futurs leaders de nos sociétés ne se fassent pas embarquer dans des projets qui ne bénéficient qu'aux autres. »

Diley les écoute puis leur dit ceci : « Vous n'avez pas tort de trouver des similitudes dans l'histoire de Violentine et l'aventure de Geutecoute. En effet, l'ignorance et la naïveté sont remarquables au sein de ces deux histoires. Nous en avons parlé à maintes reprises. Aussi, vous faites bien de proposer comme solution l'information et l'éducation. Mais le point que je voulais vous faire voir le plus est l'autoroute avec ses codes et ses interdits. Il y a aussi cette petite voie qui y mène. Le fait que Geutecoute s'inquiète avant d'emprunter cette voie, dit qu'il n'était pas aussi ignorant que ça. Il lui a manqué la force d'être décisif à ce niveau. Il aurait pu questionner sa passagère davantage. Ceci lui aurait permis de savoir que Kountigui Yoro n'existe pas. »

- Que voulais-tu nous faire voir dans l'autoroute ? Demanda Tonissia.

- Il y a des situations dans lesquelles nous nous retrouvons avec ou sans notre consentement. Certaines peuvent ressembler à des situations de non-retour même quand elles ne sont pas bonnes à vivre. Cependant, des opportunités s'offrent à nous que nous ne saisissons pas pour nous en soustraire. Dans le cas de Geutecoute, il y avait la bretelle qui lui permet de retourner en ville, son tableau de bord qu'il pouvait regarder pour voir le niveau de son essence. Enfin, il pouvait utiliser sa propre culture de cette autoroute pour comprendre qu'il s'était fait embarquer dans une aventure rocambolesque.

- Nous ne voyons aucun lien entre cette histoire et les questions que nous traitions. Coupa Tonissia.

- C'est vrai. Je dois reconnaître qu'il n'y a pas de lien direct. Mais vous comprendrez le sens de cette digression.

- C'est ce que nous souhaitons le plus ardemment. Dit Tonissia.

- Quand on n'est pas encore affranchi, on est comme Geutecoute dans cette aventure. Avant le joug, on roule comme lui en ville. On profite de son temps avec allégresse. Soudain, vient le joug avec quelqu'un qui vous fait prendre une voie, puis une autre. Vous allez à gauche, à droite, tout droit, encore à gauche sur ce petit chemin où vous avez l'opportunité de vous rendre compte que cette voie n'est pas la bonne. Cependant, vous nourrissez le secret espoir de pouvoir atteindre vos objectifs malgré tout. Vous en êtes rassurés par la présence de l'autre. Vous n'écoutez plus que sa voix jusqu'à en perdre votre énergie. Vos bretelles sont ces leaders éclairés qui vous parlent, mais que vous n'écoutez plus. Vous ne les voyez plus. Ce sont vos cultures et vos traditions que vous dépassez à vive allure vers ce qui se présente comme la destination. Vous voilà au crépuscule et les temps s'assombrissent. Vous ne voyez plus rien. Vous êtes perdus. Il ne reste plus qu'une chose à faire. C'est aller à l'encontre du code et de ses interdits.

- Nous n'avons pas encore perçu le rapport. Indiqua Tonissia.

- Ne soyez pas pressé !

- Mais il y a trop de digressions dans ta démarche. Il faut être plus direct comme toi-même nous l'a enseigné concernant le mouvement. Insista Tonissia.

- Compris ! Vous êtes sur une voie exactement comme Geutecoute. Vous foncez comme lui avec une destination qui vous est suggérée. Malgré vos efforts et votre bonne volonté, vous finissez par être épuisés, car le chemin est long. Vous ne vous y attendiez sûrement pas. Il est temps de prendre des décisions courageuses au risque de vous retrouver comme Geutecoute sans la moindre énergie capable de soutenir vos efforts. Si vous ne prenez pas ces décisions maintenant, vous vous retrouverez dans le décor et vous verrez les autres passer à vive allure. Ces décisions concernent le marché. L'autoroute représente ce marché. Vous vous y êtes engagés à fond tentant de réaliser des revenus importants pour vos populations. Vous vendez sans arrêt, car vous ne parvenez pas à atteindre la destination, le bien-être. Pour vous, satisfaire le marché consiste à vendre le plus de produits naturels. Vous faites creuser la terre sans arrêt et fournissez aux autres ces matières premières sans savoir en dehors de ce qu'ils vous présentent, ce qu'ils en font. Quand il n'y aura plus rien à creuser, vous vous retrouverez avec un paysage balafré et parsemé de ravins artificiels. Mais les autres auront emmagasiné toutes ces richesses chez eux. Ils auront réussi à récupérer ce qui fait aujourd'hui votre avantage, un avantage qui n'aura pourtant servi à rien de significatif. Vous implorerez les cieux, mais vous n'aurez point de réponse. Car le plus grand péché, c'est ne rien faire pour garantir la réussite et le succès des générations futures. Vos descendants, laissés sans ressources, seront encore plus pauvres que vous. C'est pourquoi, il est temps de penser le marché autrement.

- Quel est le lien ? Demande encore Tonissia.

- Geutecoute fonce sans arrêt sous l'impulsion des allures et de la voix de sa passagère. Je vous invite à ne pas faire comme lui. Il est quelques fois judicieux de s'arrêter et d'écouter la voix de l'intérieur. Cette voix pour vous qui ambitionnez de diriger vos territoires, c'est celle de vos populations. Car il n'y a pas de marché sans population. De même, il n'y a pas de population sans marché. Autrement dit, les hommes individuellement ou collectivement pris sont au centre du marché. Pour qu'ils l'animent efficacement, il faut qu'ils soient débarrassés des contraintes vitales les plus élémentaires. Pour le moment, l'on tente de construire par suggestion un marché animé par des populations qui ploient sous le poids de ces contraintes, le mur qui sépare du succès.

- Voilà qui est un peu plus clair ! S'exclame Tonissia.

- Evidemment ! Je voulais juste ressortir la nécessité des Etats dont les populations vivent dans le dénuement d'intervenir vigoureusement pour mettre fin aux contraintes élémentaires. C'est un impératif quelque soit ce que ça doit coûter. Cet impératif exige de donner dos un tant soit peu aux approches actuelles et de s'intéresser à l'épanouissement de l'individu sans lésiner sur les moyens. Une fois épanouis, il deviendra producteur de richesse et capable d'une présence significative sur le marché à la fois du commerce et de l'emploi.

- Merci ! Fit Tonissia.

- Je vous en prie. Je souhaite que vous ne perdiez pas de vue le fait que nous parlions avant tout de transformation de matières premières. Conclut Diley

- Nous ne l'oublions pas. D'ailleurs, nous savons qu'il n'est pas irréaliste de penser que notre société peut et doit transformer ses matières premières. Elle a les ressources qu'il faut. Il reste à les mobiliser. Moins elle se contentera de ministère de l'Economie, de l'Industrie et du Commerce qui ne sont que l'extension de la gestion des entreprises coloniales d'extraction de matières premières, plus elle aura les moyens de s'industrialiser. Moins les ministères et leurs ministres passeront de temps à chercher des miettes auprès des entreprises étrangères installées chez nous, plus ils se rendront utiles dans le processus de transformation des matières premières.

Selon les visiteurs, il est de plus en plus urgent que leur pays cherche à participer au marché mondial par l'acquisition directe ou indirecte, en partie ou en totalité d'entreprises dont la production est directement liée aux matières premières qu'il produit. De cette manière, il s'industrialise sans être industrialisé.

Diley leur fait savoir qu'une telle démarche est économiquement viable. Cependant, pour qu'elle soit réellement bénéfique, ils devront tout entreprendre pour que leur système monétaire se retire du sous-ensemble auquel il est rattaché par suggestion. Cette mesure est nécessaire pour la création d'infrastructures capables de faciliter les transactions et éviter que les devises qui devaient leur revenir stagnent dans les coffres installés au sommet du corporatisme économique qui gouverne ce sous-ensemble. Dans leur retrait, ils devraient se donner les moyens de faire face à toute subversion monétaire comme celle vécue au temps de l'utilisation de la coquille. Ce genre de subversion peut être surmonté par le rappel de la monnaie et l'émission immédiate d'un substitut.

Par ailleurs, Diley fait noter que la création d'une nouvelle monnaie dans un monde de prédation exige la vulgarisation des moyens de détection. Il est donc nécessaire de demander à toutes les entités privées et publiques dont les activités impliquent des transactions financières permanentes de se doter d'instruments de détection de fausses monnaies. Elles devraient travailler de connivences avec les autorités compétentes afin de faire respecter la loi et les dispositions mises en place pour protéger l'intégrité de la monnaie et du marché.

Diley juge opportun d'attirer l'attention de ses visiteurs sur un problème crucial que pourrait vivre une monnaie. Il s'agit de l'hyperinflation. C'est une forme d'inflation qui a la particularité d'être exagérée.

Diley l'explique à ses visiteurs : « Les inflations peuvent être simplement décrites comme le taux général auquel le coût des produits et des services augmente dans le temps. La monnaie et les produits étant liés, il va sans dire que l'inflation est aussi le taux auquel la valeur de la monnaie baisse par rapport au coût des produits et des services. En d'autres termes, le pouvoir d'achat que confère la monnaie baisse alors que les prix augmentent. Plus l'inflation s'élève, plus l'on tend vers une hyperinflation. A 50 % d'augmentation mensuelle, il n'est plus question d'inflation, mais d'hyperinflation. Ici, la monnaie n'a pratiquement plus de valeur. Par exemple, un sac d'argent peinerait à sécuriser l'achat d'une galette. Pour une chaussure, l'acheteur doit remplir une fourgonnette de billets de banque. Cette situation peut faire disparaître une monnaie parce qu'elle oblige les participants au marché à chercher d'autres moyens pour échanger. La recherche de ces moyens plus convenables en général se traduit par l'adoption de monnaie d'autres pays. Elle peut se traduire aussi par l'échange au troc. Toutes ces pratiques ont tendance à impacter le pouvoir d'imposition et les barrières tarifaires de l'Etat. Cependant, quoi qu'elles impliquent des coûts inévitablement, elles sont plus rassurantes pour les acteurs du marché. Elles produisent l'illusion de faire plus de gains au fur et à mesure que l'hyperinflation persiste. Enfin, la recherche d'alternative pour créer des échanges convenables retire aux gouvernants la capacité de contrôler la politique monétaire et enfin crée un chaos difficile à surmonter. »

Diley dit à ses visiteurs pourquoi il leur parle d'hyperinflation. Il explique qu'elle est souvent utilisée pour faire peur à ceux qui tentent de se soustraire des systèmes monétaires qui n'avantagent que le moyisme. « Très souvent, » dit-il « son avènement est imputé à l'émission exagérée de monnaie pour financer des projets gouvernementaux. Elle serait aussi le fait que la monnaie n'ait pas de garant robuste pour se protéger contre les fluctuations imprévisibles du marché international. »

Diley rassure ses visiteurs en leur disant : « Il n'en est rien. » Il présente ces allégations comme de simples arguments qui essayent de cacher la forêt de la main. Il leur rappelle en guise de preuve la manière dont la coquille comme monnaie a disparu : « Ce qui l'a fait disparaître est une hyperinflation provoquée par l'émission exagérée de monnaie frauduleusement introduite sur le marché, l'obligation de payer ses dettes en utilisant la monnaie d'un tiers et l'inexistence de contrainte tarifaire. » Diley fait donc savoir que l'hyperinflation est très souvent provoquée par des facteurs exogènes : « Vous entendrez les experts de l'autre côté vous parler de l'hyperinflation comme étant la conséquence d'une augmentation exagérée des dépenses de l'Etat, de l'émission tout azimut de monnaie pour couvrir ces dépenses, de la chute des exportations, la chute de la production et surtout alimentaire, la baisse des impôts, l'incapacité du gouvernement à mobiliser des fonds pour couvrir ses dépenses, le chômage, etc. Il faudrait que toutes ces conditions soient réunies de manière concomitante. Sauf cas de catastrophe naturelle ou de guerre, la possibilité que ces conditions soient réunies de manière concomitante n'est très probable que dans un pays où toute l'activité économique dépend de l'extérieur. Si pour une raison ou pour une autre les tenants de cette activité décidaient de partir, les conditions de l'hyperinflation deviennent inévitables. Car ce départ implique le chômage, la baisse de la production et tous les autres facteurs énumérés. Des départs massifs bien planifiés et coordonnés ont été déjà vécus dans certains pays chez nous. Cependant, ils ne peuvent pas produire de dégât massif dans une économie qui accorde de l'importance à la participation effective des entrepreneurs locaux et qui en plus se dote d'un système d'imposition conséquent. Vous devez donc encourager l'entrepreneuriat local, créer des barrières tarifaires conséquentes et engendrer un mécanisme qui permet de rappeler la monnaie immédiatement en cas de subversion massive. Par tous les moyens que vous jugerez utiles, vous devez être capables de protéger votre monnaie et votre marché pour leur éviter le chaos. »

Une fois la question de l'hyperinflation évacuée, Diley propose à Tonissia et à ses compagnons de revenir sur l'idée de s'occuper de la manière la plus simple de la misère. Ils avaient parlé de la nécessiter de créer des programmes à cet effet. Diley leur dit : « Pour nous, il y a deux éléments fondamentaux dans les propositions faites. Il s'agit de la nourriture et de l'habitat. Je vais plutôt m'attarder sur l'habitat. Nous remarquons que beaucoup de pays pauvres abandonnent la question de l'habitat aux particuliers. Cette approche apparaît comme une forme de méconnaissance du rôle capital qu'il joue dans le développement économique et dans le bien-être social. Nous allons voir ensemble quelques fonctions de cet instrument économique, beaucoup plus valable et rentable que tout autre instrument.

En plus de bien se nourrir, l'homme qui n'a pas de souci où dormir vit un bien-être inestimable. Ce bien-être augmente sa capacité d'être productif pour la société. Cette capacité s'accroîtrait encore davantage si le logement assurait sa sécurité et sa stabilité. Cet homme, quand il cherche de l'argent, ce n'est plus pour construire une maison, mais pour créer plus de revenus. Ce surplus de revenu, il le créera en général en s'engageant dans l'entrepreneuriat. Ce faisant, il devient un potentiel pourvoyeur d'emploi et par ricochet susceptible d'aider à réduire le chômage.

L'investissement dans l'habitat, ne concerne pas que la construction des logements. Il implique l'organisation de l'espace de telle sorte qu'il serve de base de données aux services publics. Dans beaucoup de pays pauvres, la gestion de l'habitat se limite à des tâches d'imposition. Dans certains endroits de ces pays, les impôts sont difficiles, voire impossibles à recouvrer à cause de leur inaccessibilité. Ce sont des endroits qui grouillent d'affaires la nuit et qui dorment la journée. Même la police n'ose pas y mettre les pieds. Il y a donc ici, un manque énorme à gagner. L'implication déterminée de l'Etat dans la construction de l'habitat y compris du logement permettra de rendre ces endroits non seulement accessibles, mais en plus pourvoyeurs de revenus. En ce qui concerne les données publiques, un habitat bien organisé donne par lui-même une estimation de la démographie du pays. De plus, il facilite l'activité des autorités chargées de l'ordre public qui peuvent désormais se rendre d'un point à l'autre sans peine, excepté le trafic routier. Il en est de même pour les services de la santé et tout autre service. Il simplifie le pourvoi d'un service social universel qui par la collecte de données plus fiables élimine les approches arbitraires de couverture sociale.

Parlant des agents de l'ordre, il faut dire que l'habitat lui-même contribue au maintien de l'ordre. Il facilite les enquêtes criminelles et rend difficile le camouflage des bandits et autres hors-la-loi. Un habitat bien construit a un impact positif sur la santé, car il s'accompagne de travaux qui permettent l'adduction en eau potable et l'assainissement des voiries. Par ailleurs, un habitat aux mains de l'Etat peut être planifié de sorte à refléter la culture architecturale de ses habitants en tenant compte des diversités régionales. L'un des éléments à ne pas négliger, est la relation entre les institutions bancaires et les populations. Il faut reconnaître ici et maintenant qu'il n'est pas loisible pour une banque de prêter de l'argent à un individu dont le domicile est difficile à identifier. Elle est obligée de demander des garanties supplémentaires comme condition au prêt. C'est normal, car toute institution bancaire voudra limiter les risques en rapport aux clients. Aux yeux de la banque, le domicile est un facteur qui limite le risque. Ce faisant, s'assurer d'organiser l'habitat équivaut à améliorer les rapports entre les banques et les populations. Par ricochet, c'est augmenter l'accès au crédit. L'habitat lui-même, représente un trésor inestimable. La valeur de l'immobilier a tendance à augmenter au fil du temps. L'Etat peut donc le céder au moment jugé opportun et engranger des revenus. »

- Où sortons-nous les moyens d'un tel projet ? Demande Tonissia

- La question de l'habitat est prioritaire. Elle est l'une des bases, mais aussi un signe du développement. Il faut donc s'efforcer de mobiliser les fonds nécessaires. Ce n'est pas en un jour que vous allez transformer votre pays. Procédez par étapes, mais rassurez vous que chaque étape est bien exécutée. Ce travail sera bénéfique à votre économie. Il permettra surtout de créer l'esprit d'entrepreneuriat et l'emploi. Pour réveiller cet esprit davantage, il est nécessaire de détecter les secteurs d'activité à rentabilité individualiste et non rentables au plan de l'emploi, mais qui par la facilité qu'ils offrent servent de refuge à ceux qui sont déjà riches. Rendre ces secteurs difficiles d'accès est nécessaire pour susciter l'entrepreneuriat, l'emploi et faire naître un esprit de créativité. L'Etat doit s'engager à trouver les moyens de protéger les entrepreneurs et les pourvoyeurs d'emploi. Ils doivent être rassurés de son soutien appuyé afin qu'ils ne se sentent pas abandonnés. Ils sont importants pour la réussite collective.

Diley conclue cette étape des travaux avec les visiteurs en leur faisant remarquer qu'en vérité, il n'y a que les gouvernements suggestibles face aux autres qui marginalisent les élans commerciaux de leurs ressortissants faibles au profit de l'agression extérieure. Ces gouvernements ont réussi de leur propre suggestion à susciter chez les populations des désirs et des besoins superflus qui ne s'accordent en rien à leur niveau de développement. Il est absolument nécessaire de réviser ces besoins et éduquer les populations dans le sens d'accepter ce qu'elles sont et de refuser ce qui fait d'elles ce qu'elles ne sont pas. Il est impératif de s'occuper de la misère des populations de la façon la plus simple pour les préparer aux défis les plus complexes.

## Chapitre 15
REVISION

Les visiteurs achèvent leur quête en révisant tout ce qu'ils ont appris sur le moyisme. Ils retiennent que cette tendance renferme deux types d'individus : le moyiste global et le moyiste local ou suggestionné. Le premier utilise l'autre pour parvenir à atteindre l'état d'unicité, de solitude et d'ubiquité que tout moyiste recherche. L'usage de l'autre comme d'un instrument lui est aisé parce que ce dernier n'est moyiste que par suggestion.

La suggestion est le lieu où le moyiste prospère. Son but d'être seul se trouvant nié par la présence des autres et par son incapacité de les détruire sans mettre sa propre existence en péril, le moyiste se sert de mécanismes psychologiques qui les transforment à son image. Ce procédé lui permet d'être seul et partout puisque les autres transformés le sont à son reflet. La nécessité de faire les autres à son reflet ou son image est la raison suffisante de la suggestion au centre des moyens utilisés par le moyiste.

La suggestion ne s'accommode que d'une adhésion sans raison ni volonté. Ce déficit chez les autres rend aisée leur adoption de son être sans qu'il soit obligé d'agir sur eux directement. Cependant, l'inexistence de raison et de volonté ne se produit pas toujours de soi. Il est évident que ceux qui sont déjà faibles de mentalité soient aisément transformés. Ceux-là sont en général naïfs, crédules, candides ou simplement ignorants.

Mais il y a ceux qui présentent une résistance. Ils seront transformés au biais de la terreur. Quand leur raison et leur volonté se seront totalement évaporées pour s'installer dans la prison de la passivité par la violence systématique, le moyiste leur opposera les instruments qui les feront à son image. L'état dans lequel les autres sont maintenant est un état d'influençabilité, fait de peur, d'ingénuité ou d'ignorance. C'est la suggestibilité, là où la conscience est malléable. Il approfondira cet état en faisant absorber aux consciences des idées suggestives et des images stéréotypées, d'exaltation de son être et de négation de leur propre réalité. Ils doivent d'ailleurs se dissocier de cette réalité. Il découle de la dissociation qu'ils entreprennent, des êtres mentalement confus. Dans cette confusion, le moyiste installe à leur tête ceux qui lui ressemblent le plus et les institutions qui lui permettent de contrôler leurs biens.

Les institutions et les instruments que le moyiste oppose aux autres pour les transformer à son image, servent aussi à garantir sa suprématie permanente. Sans cette suprématie, le moyiste ne peut poursuivre son œuvre de transformation des autres. Par conséquent, le moyisme devient une tendance de contrôle perpétuel, à la fois des populations et de leurs biens, sans leur raison et sans leur volonté.

Le contrôle des biens lui procure une abondance matérielle par abus de la suggestibilité qui elle s'enracine maintenant de manière naturelle chez les autres. Profitant de leur destruction naturelle et du conditionnement psychologique de ceux sélectionnés pour les diriger localement, le moyiste peut fournir aux autres les instruments qui accompagnent leur extinction latente. Il leur suggère des méthodes de gestion économique et sociale dont les retombées sont pour le parachèvement de sa suprématie matérielle.

Cet aspect du moyisme est générateur de révolte. Car il s'agit ici de matières physiques et palpables à la conscience. Que l'homme soit suggestionné ou non, il a toujours conscience de sa misère. Il a conscience de l'infimité de ses biens. Quand il les perd, il est capable de s'en rendre compte. Le manque de nourriture, d'habits, de soins médicaux, de moyen d'échange et d'argent, la pénibilité croissante de ses labeurs, le chômage, l'inflation galopante, la mort banalisée autour de lui, l'humiliante précarité de sa demeure et de son habitat, l'inaccessibilité contextuelle à l'eau et la défiguration par des guerres insensées, la famine et les maladies ne se cachent pas à lui, quand c'est l'Homme lui-même qui les vit. Il tentera forcément de rechercher les moyens d'améliorer sa condition.

Mais lc moyiste se veut impalpable dans sa plénitude. Il se veut une nature sournoise et capable de métamorphose. Dans l'ombre, comme un serpent tapis dans l'herbe, il fait sa mue pour un conditionnement plus subtile en s'accaparant de nouvelles proies confusément éblouies par ses apparats conceptuels.

Le moyisme est donc une industrie complexe de recyclage de moyens et de méthodes de transformation voire d'anéantissement de l'autre. Il se présente comme un ensemble de mécanismes par lesquels l'on se substitue à la nature pour procéder à une sélection, cependant artificielle, de ceux qui répondent aux caractéristiques que l'on recherche. Dans sa perspective, la lutte pour sa survie, et même celle des autres en dépendent.

Pourtant, toute l'énergie que le moyiste déploie et toute la supériorité qu'il pense de lui-même sont auto destructives. D'abord, à force d'être violent, le moyiste finit par avoir peur d'être violenté par vengeance. Cette peur le réduit à la paranoïa. Même la fumée qui se dégage des cheminées au-dessus des maisons peut créer la frayeur chez lui. Cet état est innombrable de confusion. Il éloigne le moyiste de l'humanité pour le rapprocher de l'animalité. Ainsi, en voulant transformer les autres, le moyiste se perd.

Ensuite, son autodestruction découle du fait que s'étant habitué à prospérer par l'exploitation des autres, il devient difficile pour lui de produire des richesses sans eux. Il se condamne à dépendre d'eux de manière implicite. Sa dépendance ici est contraire à son ambition et présente toute son insuffisance. Le moyiste se rend incapable d'épanouissement intelligible qui n'inclue pas la privation des autres. Sa dépendance est susceptible d'un état confusionnel et d'approfondir la paranoïa dans laquelle la violence l'a déjà installé. Car à sa peur initiale, vient se greffer celle de voir les autres se construire en dehors de son regard et de ses institutions. Il interprète cette situation comme un facteur de perte de sa propre personne.

En définitif, le moyiste est un être tourmenté. Il voit en tous les autres des loups. Il s'en trouve condamné à créer les conditions de sa survie qui elle est susceptible d'expériences désastreuses et traumatisantes pour les autres. Tant qu'il n'est pas compris et confronté, tant qu'il ne lui est pas présenté un miroir dans lequel il peut se voir lui-même et voir combien il s'est éloigné de l'humanité, la frustration qu'il suscite risque de produire des réactions inimaginables chez les autres.

Ceci dit, il est impératif de faire de la compréhension du moyisme et de ses mécanismes une tâche indispensable à la création d'une société harmonieuse. Dénoncer et combattre le contrôle des populations et de leurs biens sans l'adhésion de leur raison et de leur volonté est une contribution louable pour une humanité épanouie dans son ensemble.

Par ailleurs, la naïveté et l'ignorance qui facilitent à la fois la suggestibilité et la survie du moyisme doivent être repoussées par la rééducation effective des masses. Cette rééducation doit mettre en lumière les contradictions du moyisme et ses mécanismes d'assujettissement le long de l'histoire. Elle doit se doter d'instruments didactiques qui conviennent à cette mise en lumière. Il ne s'agit pas de présenter de manière béate l'histoire de l'hégémonie. Car cette approche ne peut que ragaillardir le moyiste et permettre d'entretenir des sentiments d'infériorité chez les apprenants dans les sociétés dominées. Il est question de visiter les valeurs logiques, les contextes, les dispositions psychiques et psychologiques des concepteurs de l'hégémonie. Ces valeurs et ces dispositions doivent être évaluées en rapport avec les valeurs qui sont dignes de l'humanité.

En outre, la rééducation des masses doit encourager la recherche dans tous les domaines. Elle doit s'approprier les productions endogènes qui visent à contribuer au développement de la société. Elle doit prendre en compte la zougloutique et ses corollaires dans l'étude des tendances hégémoniques.

Ce qui est utilisé pour faire peur, étant ce qui ferait peur à l'utilisateur, ce qui est utilisé pour dominer est ce qui anéantit la domination. Car aucune tendance hégémonique ne peut survivre sans la peur de l'autre. Il va sans dire que se rapprocher au besoin des mécanismes d'assujettissement utilisés par le moyiste lui-même créera un environnement sans hégémonie. Cela impose l'identification de ces mécanismes en veillant à ne pas reproduire ce qui est à éradiquer. Ce serait un paradoxe et les dangers encourus sont énormes. Pour s'en convaincre, il suffit de s'instruire de la grossièreté des instruments de destruction physique qui sont l'émanation de l'instinct animal dans sa forme macroscopique chez le moyiste. Plus il se sent menacé, plus il donne à ses instruments une capacité de destruction à échelle apocalyptique. C'est toute l'humanité y compris sa propre existence qui s'en trouve hypothéquée. Car leur présence est une menace permanente à l'équilibre physique.

Une seule catastrophe naturelle d'envergure incalculable est tout ce qu'il faut pour que ces instruments fassent passer l'humanité de vie à trépas. D'ailleurs, cette catastrophe peut se présenter sous la forme d'une armée qui n'a point d'égard pour la vie humaine. Quelles que soient les précautions prises par l'humanité, aucune convention ne peut prévenir l'avènement d'une telle armée si elle n'existe pas déjà. En effet, la guerre des Ours Polaires, sanctionnée par l'anéantissement de villes importantes par le feu des armes à destruction massive, interpelle éloquemment cette planète sur l'éventualité d'une telle armée.

Il faut impérativement que la société humaine trouve la force de se débarrasser de ces instruments qui condamnent à la paranoïa et qui constituent une menace à l'équilibre physique de tout un chacun. Car les autres ne sont pas forcément des loups, quoiqu'il faille reconnaître que le moyiste s'est suffisamment propagé et qu'il a engendré une horde d'hyènes.

Les mécanismes à l'intérieur du moyisme sont d'ordre psychologique et matériel. Leur fonctionnement répond à une ambition. Si les mécanismes sont objectivement contrariés, l'ambition moyiste devient simple vanité. Il est donc nécessaire de tenir compte des exigences matérielles inhérentes à l'ambition moyiste. Ces exigences visent à engendrer un avantage technologique en décourageant chez les autres la création d'un environnement susceptible de susciter le même avantage. Le contexte propice est le capitalisme moyiste, doctrine de l'inversion du droit de propriété, dont les mécanismes fonctionnent de sorte à accumuler les biens d'autrui pour son propre compte sans la raison ni la volonté de l'autre.

Dans cette forme de capitalisme, le moyiste exerce un viol psychique par l'exploitation de l'épouvantable, de la suggestion de la peur et de toute autre suggestion à même de maintenir les autres prisonniers de son paradigme. Fondée sur des outils palpables, le capitalisme moyiste ne peut prospérer que si les autres demeurent ignorants et incapables de reproduire ses instruments et ses mécanismes de fonctionnement. Il devient utile de s'en rapprocher.

Le rétablissement de la conscience endommagée par les mécanismes de destruction psychologique est impératif. Les causes aussi bien que les conséquences immédiates de la dissociation qu'elle a entreprise pour se protéger contre son expérience traumatisante doivent être décelées.

En ce qui concerne notre colonie, la dissociation a conduit à une rupture de continuité entre les croyances, les idées, les sentiments et la vérité existentielle. Ses habitants vivent pour la plupart un combat intérieur qui les empêche de faire une lecture sereine et rigoureuse de leur vie. Il est impératif d'éteindre ce combat pour restituer à la conscience toute sa vérité. Ce travail s'inscrit dans un cadre essentiellement psychologique et la démarche qui consiste à peindre son vécu y participe. Car la peinture permettra de faire l'inventaire de ce qui n'est pas perdu, de ce qui s'est transformé et de ce que nouveau l'interaction avec les autres civilisations a apporté. Il est une peine perdue de vouloir se cloîtrer dans les valeurs qui ont disparu. Par contre, le respect de celles qui ont résisté au temps est à encourager pour limiter la force de la dissociation. Leur trouver un rôle et une détermination en fonction des circonstances actuelles et non originelles est à atteindre par leur adaptation au temps, en évitant de leur adapter le temps. Par conséquent, ces circonstances doivent être elles-mêmes comprises jusqu'à la limite des capacités de compréhension pour leur conférer une signification objective.

A cet effet, l'engagement à se rapprocher des mécanismes moyistes trouve son sens. A l'intérieur de ces mécanismes, il y a la classification des sociétés dans la vérité que le moyiste leur voit en des termes qu'il accommode à ses objectifs. Les termes qu'il emploie pour les désigner sont soit évocateurs de sociétés non achevées, de sociétés opprimées, insoucieuses, paresseuses ou simplement incapables. Ces termes sont conçus de sorte à être interchangeables. Il est psychologiquement bénéfique pour les autres de se soustraire et de sortir des étiquettes liées à cette classification sans nécessairement demander au moyiste d'en faire autant. L'inventaire proposé plus haut ambitionne d'apporter ce bénéfice psychologique. Il aboutira à la définition de la société dans sa vérité. L'appellation qui en sortira ne sera donc pas pour l'infantiliser. Elle se positionne en détruisant psychologiquement les considérations qui conduisent à plus de dissociation. S'y atteler trouve sa justification dans le fait que la dissociation fait le lit de la suggestibilité. D'ailleurs, il faut coller à la tendance hégémonique des étiquettes qu'elle n'a pas conçues. Car celles qu'elle a conçues ragaillardissent ses concepteurs. En ce qui concerne les visiteurs Nigloyens, leur colonisateur est un être frustré à priori. Il vit un amalgame identitaire confusionnel. C'est un moyiste.

La suggestibilité a ceci de dangereux qu'elle peut conduire l'Homme à se sentir en sécurité à l'intérieur du mal nécessaire à la survie du moyiste. Elle peut créer en lui une assurance qui le tranquillise et lui donne le sentiment qu'il n'a rien à craindre. Elle peut empêcher l'Homme de voir qu'il est un robot qui obéit au bon vouloir d'un autre. Elle est transmise facilement d'une personne à l'autre surtout quand elle est liée à la suggestion de l'épouvantable ou de la peur. Elle se repend à une vitesse vertigineuse et s'accroît à des limites disproportionnelles. Elle peut tenir des masses conditionnées à agir contre leurs propres intérêts et pour le bonheur de l'autre. La suggestibilité est un facteur principal de la misère que vivent les sociétés soumises au joug moyiste. Une fois que les populations de ces sociétés, leurs élites, leurs leaders et leurs gouvernants auront su comment et à quoi ils sont suggestibles, ils pourront rentrer en possession du contrôle total de leur société et de sa destinée. Ils pourront y créer le bien-être pour tous.

# Chapitre 16
ZOUGLOU

Les visiteurs pensent avoir suffisamment compris le moyiste, son origine et ses ambitions hégémoniques. Ils vont maintenant tenter d'approfondir leur compréhension du terme Zouglou lui-même. A cette fin, Diley produit pour eux un tableau qui présente enchaînés tous ceux qui apparemment ne le sont pas et qui sûrement refuseraient d'être vus ainsi. Il peint ces derniers comme s'ils se suivaient en file indienne. Il leur fait porter des armes en bandoulières. Derrière eux, il plante une source de lumière sans grande lueur. En bas de la source de lumière, il place d'autres gens, ceux-là avec des chaînes dans lesquelles ils ont coutume de se voir. Eux apparaissent immobiles dans le tableau. Diley les peint d'ailleurs assis pour certains et couchés pour d'autres. Sans aucune arme, les dernières personnes ajoutées au tableau fixent les chaînes. Diley les a conçues de sorte qu'elles apparaissent d'une impuissance qui ne peut pas échapper au regard même du moins attentif. Sur leur corps, il a fait couler la nuit de sorte qu'ils sont confondus à la sombre lueur.

Rien ne sépare ces populations enchaînées. Seule la nature s'étend entre elles. Elles sont ensuite installées à l'intérieur d'un immense enclos. Ses clôtures semblent visiblement leur être insurmontables. Elles comportent des murs de loin plus gigantesques que la Grande Muraille de Chine. Tout le long des flancs de cette prison, Diley a laissé sans vie des individus vêtus comme pour un combat. Ils sont étendus, tous crevés d'un rouge noirâtre. Il s'est employé à rendre compte de l'état pareillement piteux des murs. Aucune vue au-delà de la muraille n'est concédée à ses habitants.

Diley achève ainsi ce tableau qui pour lui devait suffisamment montrer d'un côté la dépression et de l'autre l'agitation. Il demande aux visiteurs de porter une attention particulière sur la nature. Elle ne traite pas les sujets de la peinture distinctement. Elle semble d'ailleurs indifférente à leur présence. Devant elle, il n'existe d'avantage chez l'homme qu'une illusion entretenue par lui-même. La cause de cette illusion est l'ignorance. Elle est planquée dans la lumière pratiquement inexistante. Les armes évoquent l'absurdité de l'agitation. Les morts qu'elles ont provoqués dans la lutte des espèces enchaînées n'ont rien changé et tout le monde ici se trouve condamné à respirer la même nature. Diley invite maintenant ses visiteurs à observer la lumière. Malgré sa faiblesse, ils voient en elle et dans le fait qu'elle se pose sur les déprimés une source d'espoir, mais aussi une source qui les invite à sortir de leur sommeil. Elle s'installe dans le dos des agités pour les rappeler à la vérité de leur être. Sur cette peinture, les visiteurs se sont étalés à souhait sur les sentiments d'infériorité et de supériorité. Ils ont fait le tour de la peur, de la naïveté et de la suggestion. Puis dans le fond, ils ont fini par présenter le Zouglou dans toute sa plénitude.

Le terme Zouglou fait allusion à un regroupement spontané ou inorganisé. Il traduit la présence de manière désordonnée en un même lieu de plusieurs objets. Il est aussi utilisé pour présenter des ordures. Le terme intègre une expression – ô ti lé zouglou – qui signifie : ils sont entassés là, comme des ordures.

Les ordures sont placées les unes à côté des autres sans leur consentement. Les choses qui aux yeux de l'Homme sont des ordures ou un ensemble d'ordures sont dans la mesure de ses possibilités disposées selon son bon vouloir. Il ne leur accorde aucun choix. Il trouve d'ailleurs naturel et juste de les manipuler à sa guise. Il peut les écraser en vue d'obtenir un peu plus d'espace. Il ajoute d'autres ordures aux précédentes. De même, il lui arrive d'en retirer celles qu'il leur a associées par inadvertance. Ces dernières seront placées ailleurs, au moment où il le jugera opportun. En clair, il lui est possible en sa qualité particulière d'être pensant d'influencer l'environnement d'une ordure en la déplaçant pour la disposer comme bon lui semble. Il contrôle absolument l'espace qu'occupe l'ordure et il se rassure que ce contrôle ne parvienne pas à lui échapper sous aucune condition. Il tient à ce contrôle, car il lui facilite celui de l'ordure elle-même. Quand le nombre d'ordures est trop élevé, l'Homme cherche des moyens appropriés à cette augmentation numérique. Par exemple, il peut creuser une fosse énorme dans laquelle il les met toutes ensemble et de laquelle elles ne pourront pas être aisément emportées. Il peut même faire surveiller la fosse de jour comme de nuit. Cependant, il s'agit d'ordure et il est évident qu'elles finissent par devenir insupportables. Dans la fosse et livrées aux intempéries de la nature, leur pestilence ne peut être évitée. Quand cette situation dangereuse pour son équilibre physique se présente, il met le feu à la fosse pour empêcher que les bonnes gens contractent des maladies provoquées par les odeurs nauséabondes. Des ordures qui brûlent et qui disparaissent ne peuvent pas émouvoir. Elles ne constituent aucun élément d'inquiétude d'autant plus que leurs cendres sont arrosées d'eau pour vite les refroidir. Dès que la fumée qui s'en échappe est emportée par le vent, ces ordures font place à d'autres qu'il manipulera et disposera de la même manière.

Il y a comme un instinct dans le désir chez l'Homme d'avoir l'espace qu'il occupe à son gré. Par exemple, dès qu'un individu reçoit les clés d'une maison qu'il va habiter pour la première fois, il n'est effleuré par aucune autre idée que celle pratiquement irrésistible d'y procéder à des ajustements afin d'en obtenir un espace à son goût. Il tente autant qu'il peut de débarrasser la maison des empreintes laissées par le locataire précédant, surtout quand ces empreintes ne lui siéent pas. Il crée un nouvel ordre qui reflète ce qu'il est. Désormais, la maison lui appartient. Elle est réellement sienne et ils sont rares ceux qui le connaissent profondément qui douteraient de cette vérité, car il aurait fait en sorte que tout à son intérieur rayonne de sa personnalité. Dans cet ajustement qui aboutit à l'obtention du reflet de soi, ce qui à ses yeux était une ordure a été disposé où il le juge bon. Il a colonisé l'espace et s'installe dans l'ordre qu'il a établi. Au regard de l'effort accompli, il se réjouit de son humanité et du pouvoir qu'il possède à accommoder le monde à son vouloir. Il est colonisateur et son activité se répercute d'abord sur l'habitat du colonisé. Toute forme de colonisation commence par l'influence de l'habitat.

Dès que l'homme met les pieds à l'endroit où il n'était pas avant, il en influence l'habitat. S'il n'y avait que des arbres, il y a maintenant des arbres et lui. S'il y avait des hommes, il s'ajoute à eux. Il influence leur nombre et rétrécit ainsi leur espace de vie. Dans le cas précis de la colonisation telle que celle qui retient l'attention des historiens, sa première préoccupation sera de marquer l'espace de sa personnalité comme l'homme qui va dans une maison pour la première fois. Mais ici, l'espace est si grand et l'ambition autant énorme qu'il casse ou brûle les monuments et tout ce qu'il y trouve qui présente des traits de civilisation. Il compense sa frustration par la violence et la distribution de la désolation. Il torture les mémoires. Il déplace et oblige tout ce qui y existe à se repositionner pour enfin construire à son seul gré. Il détruit le système économique local et l'environnement pour les besoins de la cause.

Sûrement, ceux qui ont fini d'accepter que la colonisation est un mal nécessaire et dont la conscience a éliminé de la réalité ancestrale ses aspects socioculturels et contextuels trouveront de l'exagération dans ces propos. Cependant, il est utile de remarquer que ceux qui dans ce passé douloureux s'étaient opposés à la colonisation ne s'étaient jamais plaint de leur vie dans ces endroits où le colonisateur les a trouvés. S'il est avéré que là-dessus la vérité a été dite, il deviendra juste de convenir que ces endroits étaient décents selon leur contexte. Ce qui ne l'était pas, c'est faire de la nécessité du mal celle de ceux qui en ont souffert et tenter par cela d'effacer de la conscience humaine l'animosité et son intention. Car voilà aujourd'hui de nombreuses populations parachutées dans le malheur nécessaire ou dans la nécessité malheureuse, le mode de vie imposé à elles, qui fait continuellement des hommes, des femmes et des enfants sans abri. Quand ils en ont un, il est en général indécent pour le contexte suscité par la barbarie coloniale. Les bidonvilles pullulent dans les cités. Il est devenu difficile pour ces populations de contrôler et de comptabiliser qualitativement leurs richesses. Il est encore plus difficile de maitriser les flux migratoires et de se protéger contre le banditisme. Il est pratiquement impossible de les diriger sans vivre la menace d'être tué par des mercenaires, des terroristes suggestionnés ou une opposition corrompue et irresponsable. Ces populations sont soumises à une émission sans limite d'images stéréotypées qui empêche leur épanouissement réel. L'éducation de leurs enfants aux réalités de leur société et de son histoire est pilotée par une manipulation suggestive, tandis que les chercheurs et les penseurs en leur sein sont relégués à la périphérie du domaine didactique. Quand à cela s'ajoute la triste réalité que les diverses communautés locales peinent à se fondre en une entité opaque, il devient aisé de dire « Ô ti lé zouglou. »

Le terme Zouglou vient en illustration au désordre indéniablement né du malheur nécessaire, celui conséquemment existant dans la politique, l'économie et la vie sociale du colonisé. Enfin, il désigne la situation chaotique à la fois matérielle et psychologique vécue en ces sociétés.

Le Zouglou par ailleurs est une danse qui se veut l'illustration du chaos et de la confusion générale par l'expression sans blocage de son vécu quotidien. Par vécu quotidien, il est fait allusion surtout aux maux de la société. La danse pratiquée dans le Zouglou est aisément différentiable des autres. Elle se caractérise par des mouvements précis des mains supposées véhiculer un message au divin, aux autorités, au peuple et aux ancêtres. Quand les mains pointent vers le ciel, le danseur s'adresse au divin. Au niveau de la poitrine, il s'adresse aux autorités. A l'estomac, le peuple est visé et en dessous, les ancêtres. Les gestes des mains sont accompagnés de mouvements des pieds qui en principe entraînent le corps tout entier et permettent à ceux qui comprennent le langage gestuel du Zouglou d'identifier le message du danseur. La danse a été très souvent utilisée pour parler de manière codifiée. Elle permettait à ses adeptes de se reconnaître et de se soustraire des autres si cela était nécessaire. Ceux-ci réussissent à se comprendre à travers leur danse parce qu'ils se retrouvaient en cercle renfermé et échangeaient les points de vue et les découvertes relatives aux nouveaux pas. Il a donc été créé beaucoup de pas qui prenaient en compte tous les aspects des activités sociales. Puisque la liste des pas dans l'évolution de la danse s'est faite longue, il sera présenté aux visiteurs quelques-uns seulement.

Le premier pas est celui dans lequel le danseur fait face à l'audience en écartant les jambes légèrement. Il fait un bond en avant puis un autre en arrière. Ensuite, il lance le pied devant comme un karatéka et claque des mains. Ce pas de danse s'exécute dans le 'Zouglou Plus'. Le bond en avant décrit une croissance économique et le bond en arrière est l'illustration des conjonctures, blocages de salaire, inflation et enfin de la misère. Les mains que le danseur claque représentent ces mains qui ont toujours applaudi ou ces voix qui ont toujours acquiescé parce qu'elles craignent les réprimandes, elles vivent dans la peur, mais aussi et très souvent dans l'ignorance. Quand le danseur finit ce pas, il baisse la tête et ralentit ses pas pour marquer la honte et la tristesse. Ramené à un contexte restreint, par exemple entre deux individus qui se parlent, le Zouglou Plus prend un autre sens.

Supposons ici deux adeptes du Zouglou en présence de personnes étrangères. Une tâche secrète avait été préalablement confiée à l'un d'entre eux. Le Zouglou Plus est utilisé pour échapper à la vigilance des autres. L'un des danseurs lève le pied et claque des mains. Après quoi, il ne ralentit pas, il ne baisse non plus pas la tète. Il rend rapides les mouvements des pieds, cette fois les bras le long du flanc. Il vient de s'enquérir de la situation des activités de l'autre. Le bond en avant ou en arrière que ce dernier fera prend les sens respectivement de succès ou d'échec. S'il y a eu un problème majeur dans l'accomplissement de la tâche, il fera un geste complémentaire qui lui est emprunté d'un autre pas de danse zouglou, le Zouglou Kplèkplè.

Le Zouglou Kplèkplè est né d'une quête de gestes qui pouvaient montrer la panique afin d'illustrer les mouvements incontrôlés lorsque l'on est soumis à la violence d'autrui. Il est une reprise accélérée des pas du Goli, une danse pratiquée dans le centre de la Côte d'Ivoire. Le Zouglou Kplèkplè est accompagné du Zouglou Ahibébou. Ici, le danseur se place de profil, le pied de devant légèrement fléchi. Il fait des mouvements de hanche, les mains plates l'une contre l'autre et placées en face comme dans une méditation. Il traduit l'agilité, la souplesse et le calme dans la résistance.

Enfin, le dernier pas que les visiteurs apprennent est le Zouglou Lumière. Le danseur imite un homme qui tient une torche et éclaire des points obscurs à son passage. Ce pas de danse dans le Zouglou consiste à demander que lumière soit faite sur tout ce qui est obscur.

Le Zouglou est une danse à travers laquelle les adeptes communiquent entre eux, mais aussi tentent de parler aux autres. Il est aussi un médium qui utilise sa propre musique. Elle est accompagnée d'une cadence faite de ras et se distingue des autres par une manière particulière de jouer les instruments à vent en son sein. En plus, le Zouglou en tant que musique est soutenu par une forte présence de tambours. Les autres instruments s'accordent autour de lui. Cet instrument dans le Zouglou joue le rôle multidimensionnel de médium de communication, de réjouissance et de contact avec le divin et les ancêtres. Le tambour est donc de double obédience matérielle et spirituelle. Il est imprimé de toutes les caractéristiques gestuelles du Zouglou. Une communion musicale avec soi-même et les autres sans le tambour est inimaginable pour le Zouglou qui peut se définir comme une danse rythmique exécutée avec l'idée que le corps doit se mettre en harmonie avec le rythme pour libérer efficacement l'esprit de ses tourments. Il sous-entend alors la musique comme moyen de libération.

La raison de l'expression du vécu tel que défini préalablement tient de ce que commencer à peindre sa misère est commencer à lui trouver une solution. Peindre répond à la nécessité de se rapprocher au besoin de tout ce qui assujettit. Cet exercice étant impossible sans identifier les éléments de l'assujettissement, il devient nécessaire de ramener la vie à soi. Cette action permet l'identification requise. Pour que la peinture soit efficiente, elle doit s'exécuter quelles que soient les contraintes internes ou externes, l'homme pouvant s'autocensurer pour se conformer à des exigences morales ou matérielles par lui ou par les autres établies. Il peut alors s'abstenir de dire sa misère. Mais ici, il ne peut échapper à la vigilance du Zouglou qui joue aussi le rôle d'un appareil d'autocritique et s'offre comme miroir afin de permettre l'identification des facteurs propres à soi dans la misère vécue.

Par ailleurs, l'homme peut être censuré de l'extérieur. La censure de l'extérieur est visible et susceptible d'être vécue par exemple dans une société pourvue d'un régime autoritariste et où la liberté d'expression est inexistante. Aussi peut-elle être vécue dans un cadre de domination d'une société sur une autre. Le Zouglou tenant l'évocation et l'illustration de la misère elle-même comme éléments déterminants dans son essence, il s'inscrit dans une dynamique contre toute forme de domination qui pourrait taire l'expression chez les autres.

Les chansons du Zouglou sont composées avec la plus grande simplicité pour permettre de comprendre leurs messages sans aucune difficulté. Elles sont faites d'anecdotes humoristiques qui ne s'éloignent jamais de l'objectif visé par le chanteur. Comme la danse, elles prennent en compte tous les aspects de la vie sociale.

Cependant, le Zouglou est d'abord et avant tout, une musique engagée. Les chansons qui l'accompagnent participent à la prise et à l'éveil de conscience de son audience. Ses chansons sont pour la plupart satiriques et elles ne tiennent à aucune règle traditionnelle de poésie telle que vécue dans le mal nécessaire. Elles sont faites par l'élimination de tout conformisme syntaxique et en opposition à l'assimilation béate qui ne voit rien au-delà du savoir-vivre de l'autre. Seule la rigueur du message véhiculé tient au Zouglou. Ce message est rendu dans un langage simple et direct dont l'intention est de créer expressément un choc pour juguler la pression psychologique née des rapports avec le moyiste.

La pression psychologique que vivent les peuples sous le joug de la suggestion moyiste force dans bien des cas au silence. Le silence de celui qui subit ragaillardit celui qui fait subir. Ce silence n'est jamais interprété par ce dernier que pour signifier un consentement, une invitation à plus de persévérance dans le traitement méprisable. Il inspire l'arrogance vis-à-vis de la victime et donne d'elle une apparence de masochiste. Le Zouglou tue le silence sur la souffrance, annihile l'apparence masochiste et ouvre les yeux face à l'arrogance.

En fait, la musique dans le Zouglou intervient pour permettre l'affranchissement des consciences encore bloquées par les idées préconçues telles que le monde serait achevé. La souffrance des populations serait naturelle et normale. La misère n'aurait de cause que la gestion calamiteuse des dirigeants des territoires vassaux. La civilisation serait parfaite et les sociétés dites civilisatrices ne feraient aucun mal à l'existence humaine du fait de leur perfection pratiquement divine. Enfin, il n'y aurait rien à faire, car la résignation totale dans la crainte des bombes et de l'être supérieur garantirait réussite et prospérité.

Le Zouglou aide au réveil de son audience face à l'imposture du moyiste qui se prétend d'une intention civilisatrice. Sa musique procure les ressources nécessaires à ce réveil. Elle provoque un engagement d'abord superficiel sur la base du son et du rythme. Une fois cet engagement obtenu, la chanson et sa signification se découvrent lentement, mais sûrement afin de ramener à la conscience son vécu, celui auquel elle fait face ou encore qu'elle refoule pour échapper à l'amertume qui aurait découlé de son activation. Le Zouglou rapporte ce vécu en utilisant la forme ironique et humoristique pour faciliter son arrivée à la conscience. Il exige ensuite du corps qu'il reproduise gestuellement – peu importe la manière – les paroles qui accompagnent le rythme. Par conséquent, il crée une écoute participative de la conscience. Ainsi, le Zouglou offre une ressource capitale, un moyen de libérer la conscience du refoulement de son vécu.

Le corps et les organes vocaux sont des outils d'échanges nécessaires pour communiquer aux autres consciences ses idées, ses sentiments, ses aspirations et sa personnalité. De la communication que le Zouglou entreprend avec les autres, découle ce que ces derniers reçoivent des messages que lui-même sait susceptibles de susciter une attitude passive ou active. Il s'intéresse à l'attitude active, celle qui conduirait à agir pour améliorer les conditions décriées du vécu. Cette attitude a une signification de haute portée, car elle intègre le processus de libération des consciences et participe aux efforts d'éradication du mal. Un tel objectif pour le Zouglou est à rechercher sans relâche par l'Homme.

L'homme conscient tel que conçu en société par le Zouglou est ambition, volonté, action et réflexion. L'homme sans ambitions n'est rien. Il est comparable aux feuilles sèches tombées des arbres que le vent promène avec lui. Le vent pouvant changer le cours de son itinéraire sans préavis, ces feuilles en font autant et immédiatement. Elles ne finissent jamais un itinéraire qu'elles en entament un autre toujours entrainées par le vent. Elles peuvent se retrouver dans une rivière, un marigot, un fleuve, elles se laisseront toujours aller. Elles tomberont dans les bras d'un enfant, elles y perdront de leur forme, elles se laisseront faire jusqu'à la disparition totale. L'homme sans ambition est ainsi, telle une feuille sèche. Ce qu'il devient revêt du hasard. Il en est toujours surpris. Cependant, être ambitieux n'aura aucun sens quand cette ambition n'est accompagnée d'aucune volonté. La volonté est l'énergie de l'homme. Elle est la force motrice qui le détermine. Mais qu'est ce qu'une détermination, qu'est ce qu'une énergie quand elle n'est pas employée à faire quelque chose? C'est ici que la volonté et l'action se marient. Une volonté sans action n'en est pas une. Elle est simple désir, simple souhait ou toute autre chose faite pour étouffer l'énergie. La volonté demande une action pour mériter sons sens. Cette action, il faut le dire tout net, doit être réfléchie. La réflexion permet de voir la justesse de l'ambition elle-même, ensuite de l'action. Parce que l'ambition et l'action peuvent être vouées à l'échec. Elles peuvent être dangereuses ou inhumaines. Par exemple, une ambition dont l'essence est de s'enrichir par tous les moyens sournois ou ouverts, au biais du pillage continu et permanent des biens et des richesses des autres faibles, naïfs, crédules ou déséquilibrés mentaux est pure animosité. Elle ne peut pas garantir l'harmonie et l'équilibre à l'intérieur des sociétés humaines. L'homme en devient un animal pur et simple. Sa pensée n'est pas loin de celle d'un fauve même si lui et l'animal n'ont pas le même degré d'intelligence. Son ambition n'aura d'aboutissement qu'un lendemain apocalyptique, car aucune société humaine ne restera éternellement dans la caverne de l'ignorance. Pour cette raison surtout, toutes les actions exigent au préalable une réflexion. Cette réflexion doit se faire pour garantir une action positive, elle-même soutenue par une énergie, la volonté afin d'atteindre l'ambition fixée. Le Zouglou représente à la fois l'action de ses adeptes, leur volonté, leur réflexion avec pour ambition de contribuer à l'affranchissement des consciences incapables d'expression ou étouffées par celles aux ambitions inhumaines.

Dans la perspective du Zouglou, l'homme qui ne peut communiquer aux autres ses pensées ou ses plus profondes aspirations est en crise. Il est en déficit soit de volonté réelle, d'action ou de réflexion. Ses aspirations elles-mêmes sont susceptibles de doute. Aucune excuse ne peut lui être concédée sauf cas de débilité mentale. Autrement dit, il existe toujours une partie du corps qui peut servir d'interface là où il y a déficience d'une autre. Réussir à surmonter la cause ou toute déficience est inévitablement une victoire sur la crise.

Le Zouglou par la chanson conduit l'homme face à la cause de la crise. Il ambitionne ainsi de la comprendre pleinement. Car aucune victoire sur elle n'est possible sans la compréhension de ce qui l'a engendrée. Il n'est pas d'une grande utilité de s'en prendre à ses manifestations tant que les causes existeront pour alimenter la crise. Le Zouglou s'engage à provoquer un déclic psychologique en offrant sa voix comme un instrument qui conduit devant la cause.

Le Zouglou s'accommode d'une approche psychanalytique en invitant l'homme à peindre ou à dire sans blocage ce qu'il a vécu ou vit. L'homme pour lui peut ainsi se guérir et être productif pour le bien-être de sa société. La guérison dans la perspective du Zouglou est l'aboutissement à un état d'éveil et d'autodétermination, un état où l'homme acquiert sa liberté vis-à-vis de la crise. Ceci dit, le Zouglou ne s'accommode pas du verbe danser. L'on ne danse pas réellement, mais libère en Zouglou. S'agissant des artistes, des hommes et des femmes qui adhérent à sa perspective, ils sont des libérateurs.

Au-delà de chercher les ressources nécessaires pour permettre chez l'homme l'affranchissement de la conscience, il attend que rejaillisse du comportement de ce dernier sa nouvelle personnalité. Ce rejaillissement se fait dans la zougloutique qui elle émerge sur la disparition des causes qui ont nécessités le Zouglou. Le terme zougloutique est une proposition de Koukougnon Assoa Jean-Pierre, secrétaire général de la section FESCI de la Faculté des Lettres, Arts et Sciences Humaines de l'Université d'Abidjan de 1990 à 1994. La zougloutique est l'expression de la solidarité, du partage, du don de soi et de la justice. Elle est l'essence du 'parent'.

Il convient ici de rappeler que la réussite à surmonter la cause ou toute déficience qui a pour effet de miner l'expression libre et qui conduit à un état crisique est une victoire sur la crise. La zougloutique se trouve au lieu de la victoire. L'homme ayant vaincu les contraintes internes et externes, il rentre en possession de ses facultés morales et intellectuelles. Il peut s'affirmer et s'autodéterminer. Il entre en son être pour créer. Ce qu'il crée est un art endogène.

« Zouglou ! CI ! » Entonnent nos visiteurs pour dire qu'ils sont maintenant prêts à affronter le moyisme.

Avant qu'ils ne s'en aillent, ils reçoivent de Diley ce dernier enseignement : « La suggestibilité peut être combattue et elle doit l'être pour la régénération des sociétés que le moyiste veut soumettre ». Il leur indique que le temps nécessaire pour transformer à nouveau des consciences qui se sont dissociées de leur propre réalité peut être proportionnel à celui de l'activité de transformation initiale. Ils sont invités alors à faire montre de patience dans la lutte contre le moyisme. C'est sur cette recommandation que les visiteurs quittent la planète Terre.

www.ingramcontent.com/pod-product-compliance
Lightning Source LLC
LaVergne TN
LVHW050642051026
849532LV00002B/494